JOSUÉ N

La fe que mueve la mano de DIOS

GRUPO NELSON
Una división de Thomas Nelson Publishers
Desde 1798

NASHVILLE DALLAS MÉXICO DF. RÍO DE JANEIRO

Publicado en Nashville, Tennessee, Estados Unidos de América.
Grupo Nelson, Inc. es una subsidiaria que pertenece completamente a Thomas Nelson, Inc.
Grupo Nelson es una marca de Thomas Nelson, Inc.
www.gruponelson.com

Diseño interior: *Grupo Nivel Uno, Inc.*

ISBN-10: 1-60255-051-4
ISBN-13: 978-1-60255-051-3

Impreso en Estados Unidos de América

Contenido

Introducción

«Porque por fe andamos, no por vista», dice la Escritura en 2 Corintios 5.7. En el mundo, con tantos desafíos que actualmente experimentamos, todo cristiano necesita desarrollar una fe viva, poderosa y centrada en Cristo; viva porque debe ser ejercitada diariamente, poderosa porque debe vencer cualquier obstáculo que se presente, y centrada en Cristo porque debe estar fundamentada en las Sagradas Escrituras para que podamos triunfar. Desde Génesis hasta Apocalipsis, el mensaje central de la Palabra de Dios es la redención de Cristo por medio de la fe en su sacrificio expiatorio en la cruz del Calvario. Somos llamados a poseer una fe poderosa en tiempos difíciles, tales como los que estamos viviendo hoy como Iglesia. En un intento feroz de destruir nuestras convicciones, en la esfera espiritual, fuerzas satánicas desafían diariamente nuestro caminar con Cristo. Cada día somos confrontados en nuestra mente, corazón y espíritu, mediante las artimañas de filosofías humanas contrarias a la Palabra de Dios que producen un fuerte embate en relación con lo que creemos. El gran apóstol Pablo ya nos decía en Colosenses 2.8: «Mirad que nadie os engañe por medio de filosofías y huecas sutilezas, según las tradiciones de los hombres, conforme a los rudimentos del mundo, y no según Cristo».

Libros huecos y vacíos que desafían el cristianismo están a la orden del día; los herejes llenos de sutilezas y palabras suaves intentan desviar de la fe a los débiles que se dejan influenciar por ellos. Toda tradición del hombre basada en filosofías, religiones y sectas, alejadas del cristianismo, carece de los principios establecidos por Dios en su Palabra; éstas son los «rudimentos del mundo» a los que se refiere el versículo, producidas por mentes vacías y sin Cristo, que están solas, tristes y confundidas, bajo influencias satánicas para torcer, engañar y llevar a la perdición aquellos que NO CONOCEN LA VERDADERA FE EN CRISTO. Todos ellos relegan las enseñanzas del Señor Jesucristo a un segundo plano, prometiendo libertad en sus filosofías e ideología, pero ellos mismos son esclavos de sus propias concupiscencias y pecados. Los falsos maestros califican como «iluminación» a sus enseñanzas, mientras ellos mismos están bajo densas tinieblas espirituales, son engañados por el diablo que mantiene cautiva su alma. Nosotros los cristianos debemos estudiar la Palabra de Dios diariamente, de esto dependerá el progreso de nuestra FE, en profundizar diariamente en la Verdad que se encuentra en la Biblia. Allí encontraremos la sabiduría necesaria para experimentar una vida de FE victoriosa delante de todos los desafíos que el «mundo» nos pueda traer. Su autoridad y poder no tiene igual, ella es capaz de quebrar toda astucia satánica y humana por medio de la unción de sus divinas e inspiradas páginas. Nuestra fe debe estar firme, basada y cimentada en la Palabra de Dios, de esta manera, no resbalaremos ni claudicaremos jamás, como está escrito en Hebreos 6.19: «La cual tenemos como segura y firme ancla del alma».

Presentación

Cuando escribí mi primer libro *El poder de la Palabra de Dios*, mi intención fue que el pueblo de Dios, la Iglesia, comprendiera la necesidad que tenemos de profundizar en el conocimiento de la Palabra de Dios, la Biblia. Con el segundo, *Heme aquí, Señor, envíame a mí* quise, con toda mi alma, llevar a la iglesia de Cristo a que llore con el corazón de Dios al comprender la importancia de la evangelización y de las misiones por el planeta; y que se comprometieran con esta tarea aún no terminada. En el tercero, *La crisis en la familia de hoy*, mi prioridad fue que el matrimonio cristiano conozca la responsabilidad que tienen en el hogar ambos miembros de la pareja, así como la importancia de que junto con sus hijos mantengan una familia saludable, madura, sólida y feliz, por medio de los principios inmutables establecidos en la Palabra de Dios. En este, mi cuarto libro *La fe que mueve la mano de Dios*, mi propósito es desarrollar tanto su potencial como su crecimiento espiritual por medio de la fe, que a su vez fortalecerá todas las áreas de su vida. Usted conocerá experiencias tanto mías como de otros hombres y mujeres de Dios que le bendecirán; el objetivo se logrará mediante el fundamento de la Palabra de Dios. El Espíritu Santo pondrá las bases para que reciba una fe invencible.

Mediante este libro el Señor le conducirá a un nivel extraordinario de fe, valor y confianza en Cristo. La Escritura nos dice claramente en Hebreos 12.2: «Puestos los ojos en Jesús, el autor y consumador de la fe». Toda fe verdadera que moverá la mano de Dios a nuestro favor está centralizada en Cristo, de ahí fluye su Espíritu para los diversos aspectos y áreas de nuestras vidas, seamos líderes, ministros o simplemente cristianos que le sirven fielmente con sus familias año tras año en sus congregaciones.

Es su poder el que fortifica nuestra fe y nos lleva a madurar cada día en nuestro carácter por medio de pruebas espirituales o físicas que Él permite para que podamos crecer por medio de su Palabra. La fe victoriosa mira más allá de las circunstancias del momento, pero se aferra a lo que sucederá cuando es aplicada confiadamente sin vacilar en la Palabra de Dios. Este tipo de fe **no titubea ante las apariencias** contrarias a lo que vemos, sino que mira **con la certeza de lo que no vemos** en el mundo espiritual. Esta fe no se basa en las derrotas aparentes cuando parece que todo se desmoronará, sino que mira, cree y confiesa la victoria aun cuando en el mundo físico no se ve, mas cree que ya está hecha en lo espiritual, porque esta FE sabe que el mundo espiritual fue creado antes que el mundo físico.

Estoy seguro de que las páginas de este libro le bendecirán grandemente, le llevarán a usted y su familia a obtener lo que está esperando. Si pone en práctica, en espíritu de oración y discernimiento lo que Dios le dirá en los siguientes capítulos, recibirá la **salvación** divina, la **liberación** divina, la **sanidad** divina, así como la **prosperidad** divina, la **guía** divina, la **fortaleza** divina, recibirá también la **paz** divina, la **respuesta** divina, la **victoria** divina y por fin recibirá el **milagro** divino que tanto ha esperado y luchado por medio del ayuno, la oración y la confesión de la Palabra de Dios. El salmista dijo: «Creí; por tanto hablé (confesé)» (Salmo 116.10, interpretación añadida por el autor). El apóstol Pablo, haciendo alusión a este mismo versículo, dijo: «Pero teniendo el mismo espíritu de FE, conforme a lo que está escrito: Creí, por lo cual hablé, nosotros también CREEMOS, por lo cual también HABLAMOS (confesamos)» (mayúsculas e interpretación añadidas por el autor, 2 Corintios 4.13). Crea y confiese la Palabra de Dios por medio de la fe en Cristo Jesús, basada en la convicción de que Dios está en control de su situación y verá grandes victorias durante su vida cristiana. ¡Que Dios le bendiga en la lectura y en la aplicación espiritual de este libro a usted y su familia!

En Cristo,
Rev. Josué Yrion
Agosto de 2007,
Los Ángeles, California,
Estados Unidos de América

Dedicatoria

Dedico este libro sobre la FE a los miles de cristianos, líderes, maestros, pastores, evangelistas, misioneros y de siervos de Dios que he conocido alrededor del mundo, hasta ahora he predicado la Palabra de Dios en más de 70 países. La ética ministerial me enseñó a tener el más profundo respeto y admiración por sus vidas espirituales, por sus ejemplos de FE, dedicación, servicio y abnegación en la obra del Señor. Son verdaderos héroes del evangelio de Cristo, ellos tanto como sus familias. Sea en iglesias, organizaciones o ministerios pequeños, medianos o grandes, dondequiera que he pasado, he visto y entendido que ellos son valientes soldados que están contendiendo por la FE diariamente en contra de las huestes de Satán en todos los rincones de la tierra. A muchos de estos ministros y cristianos, sin ellos saberlo, los he observado en silencio, y han impactado mi vida de muchas maneras: por su humildad, FE, madurez y entrega; ellos son la Iglesia de Cristo, las luces que brillan en la oscuridad de este mundo sin Cristo. Dedico de igual manera a nuestros 23 misioneros esparcidos por todos los continentes, que por la FE están en las difíciles trincheras de las misiones mundiales que nuestro ministerio, la organización Josué Yrion Evangelismo y Misiones Mundiales, Inc.

sostiene financieramente. Ellos, igualmente, son merecedores de todas las cualidades antes mencionadas. Por supuesto, dedico también esta obra a todos los ministros y cristianos que no conozco, que igualmente pelean la batalla de la fe en sus naciones, estados, ciudades y pueblos en todo el mundo. Finalmente dedico este texto a toda persona que amablemente dispondrá de su tiempo para leerlo. Lo escribí para usted, porque usted es importante para Dios y Él hará un gran cambio en su vida por medio de la FE en Cristo Jesús, le llevará a conocerlo profundamente y a hacer grandes cosas para Él mediante una FE poderosa en su Palabra. ¡Que Dios sea con usted siempre!

Prólogo

La fe es el ingrediente espiritual más importante en la vida del ser humano. En el libro de Hebreos 11.6 la Biblia declara: «Pero sin fe es imposible agradar a Dios; porque es necesario que el que se acerca a Dios crea que le hay, y que es galardonador de los que le buscan». No podemos acercarnos a Dios sin tener fe en que Él exista, y de que creamos en sus atributos: que es grande, poderoso, misericordioso, hacedor de maravillas, bondadoso, fiel a su Palabra, amoroso, siempre dispuesto a auxiliar a quienes le piden ayuda. La fe en Dios es la fuerza que hace sentir al hombre seguro aunque a su alrededor todo se esté derrumbando; la fe en Dios es la que le da al hombre esperanza cuando no hay esperanza; la fe es la llave que abre la puerta del cielo para que todos los recursos que necesitemos sean nuestros y así poder enfrentar cualquier problema o situación adversa en nuestras vidas.

Abraham y su esposa Sara tenían la promesa de Dios de que tendrían un hijo, pero todo lo que estaba delante de sus ojos les decía que era imposible que ese milagro tan deseado por ellos fuera a suceder. Abraham tenía casi cien años y Sara había sido estéril toda su vida, ahora tenía noventa años; toda posibilidad de concebir era nula mirándolo desde el punto de vista biológico. Pero había una promesa dada por el Todopoderoso de que a ellos les sería concedido su deseo y se convertirían en padres de multitudes. La Biblia declara que Abraham no miró todas las cosas que le eran contrarias, que le gritaban diariamente: «Nunca serás padre», para debilitarse en la fe, sino que se fortalecía dando gloria a Dios, porque sabía que era poderoso para cumplir todo lo que le había prometido. El creyó en esperanza contra la esperanza, aguardando el milagro, declarando con fe lo que no se veía, porque él había creído a Dios quien llama las cosas que no son como si fueran.

Fe es creer que lo que Dios ha prometido en su Palabra es más real que lo que está delante de nuestros ojos, pues el salmo 33.9 cita: «Porque él dijo, y fue hecho; Él mandó y existió». Por su Palabra fue creado todo lo que existe tanto en el mundo físico como en el espiritual. Quizá usted esté enfrentando diferentes pruebas o dificultades que lo tienen triste, desalentado y un poco confundido, pero en este libro *La fe que mueve la mano de Dios*, usted encontrará todo lo que necesita para poner su fe en acción de acuerdo con la Palabra y así traer al mundo físico lo que necesita. Usted reconocerá cómo recibir la fe para la salvación de su alma, de su familia y de los demás. Descubrirá cómo puede recibir liberación para cada área de su vida, donde se sienta débil frente a la tentación, al pecado, así como a influencias malignas. Pondrá su fe a trabajar para creer en su sanidad interior, emocional, física y mental; aplicará los principios que le permitirán prosperar tanto en el área financiera como en su vida personal, así como en su ministerio; desarrollará estrategias que le permitan crecer espiritualmente. Reconocerá cómo recibir la guía de Dios en todas las áreas de su vida; cómo recibir fortaleza para su espíritu y alma, para su cuerpo físico y en su ministerio; cómo obtener la paz divina en todos los niveles de su corazón, aun en medio de la lucha espiritual; cómo recibir en oración la respuesta divina a todas las áreas de su vida; cómo recibir la victoria de Cristo en su vida personal, espiritual y ministerial. Finalmente, aplicará todos estos conocimientos para disfrutar una cotidiana vida de milagros, cuando por la fe sean removidos todos los obstáculos que le impiden disfrutar de bendiciones y milagros extraordinarios que Dios tiene reservados para usted y su familia. Desarrollará una fe poderosa, capaz de sobrellevar cualquier situación adversa que enfrente tanto en su vida secular como espiritual.

Sé que Dios tiene un propósito especial con este libro. Sé que Él cambiará su forma de pensar y actuar frente a las pruebas que está enfrentando; es mi deseo y oración que mientras usted lea este libro el Espíritu Santo traiga a su corazón las verdades aquí expresadas y se conviertan en una realidad diaria para que las ponga en práctica y reciba lo que ha estado esperando. Permita que el Espíritu Divino pueda moldear su carácter y llevarle a un nivel espiritual más elevado en su vida espiritual.

Que Dios les bendiga hoy y por siempre,

Damaris Yrion

Capítulo 1

La fe que trae la salvación divina a su vida

«He aquí que no se ha acortado la mano de Jehová para salvar, ni se ha agravado su oído para oír» (Isaías 59.1).

Hechos 2.21 cita: «Y todo aquel que invocare el nombre del Señor, será salvo». Muchos años atrás, un famoso y escéptico abogado norteamericano dictaba conferencias contra el cristianismo. Después de algún tiempo, en cierta ocasión él llegó a una congregación y pidió hablar con los líderes porque deseaba incorporarse, habló muy entusiasmado de su fe en Cristo. Asombrado, el pastor le preguntó cuál había sido el motivo de su transformación, pues él lo conocía por ser un gran adversario de la iglesia del Señor. El abogado habló de un juez que fue el responsable de su conversión; le explicó: «Yo miraba en su cara algo que no podía entender. Era una luz, un gozo y una paz tan real... Nosotros nunca hablamos de asuntos religiosos, mas el resplandor de su rostro me impresionó tremendamente. Durante algún tiempo, sin que él supiera, estudié su expresión con la misma determinación con la que estudio las evidencias en mi trabajo de abogado. La conclusión a la que llegué fue que tal resplandor en su rostro se debía a su devoción y la fe en el Señor Jesucristo. Esto fue exactamente lo que me convenció de la verdad del cristianismo. Entonces invoqué al Señor con humildad y entregué mi corazón a Cristo por medio de la fe, nací de nuevo».

Tal vez usted ya sea cristiano como este abogado, o quizá usted todavía no ha experimentado esta maravillosa transformación por medio de la conversión a Cristo. Todo ser humano necesita llenar el vacío de su corazón con algo, Tolstoi dijo: «Hay un vacío en el corazón del hombre que solamente Dios puede llenar». Muchos tratan de llenar este vacío por medio del dinero, otros con drogas, sexo, estudio, diversión, trabajo, deporte, viajes, etc., mas no lo pueden hacer, ¿por qué? Porque es un vacío de naturaleza espiritual, éste solo puede ser llenado por medio de la comunión del ser humano con su Creador, mediante la conversión por la fe en Cristo Jesús. **Pero, ¿qué es realmente la fe?** De tantas definiciones teológicas que hay se puede resumir, de manera sencilla que:

1. La fe se centra en Cristo.

Efesios 3.11, 12 cita: «Conforme al propósito eterno que hizo en Cristo Jesús nuestro Señor, en quien tenemos seguridad y acceso con confianza por medio de la fe en él». La fe es Cristocéntrica. En Él tenemos seguridad, Él es la razón de nuestra fe. Colosenses 1.4 dice: «Habiendo oído de vuestra fe en Cristo Jesús». ¡La fe es en Él! No en nosotros mismos, ni en nuestra experiencia o en nuestra sabiduría, no en nuestra capacidad, sino en Él. Colosenses 2.5b también afirma: «...gozándome y mirando vuestro buen orden y la firmeza de vuestra fe en Cristo».

2. La fe se centra en la Palabra de Dios.

Romanos 10.17 explica: «Así que la fe es por el oír, y el oír, por la palabra de Dios». Es por medio de leer, estudiar y escuchar la Palabra de Dios, que su fe crecerá. La fe no es tener una idea de que Cristo existe o saber algo sobre Cristo, es creer personalmente en Él; la fe no es un salto a la oscuridad, es la lógica de la Palabra de Dios que es alimentada y nutrida por su poder. La fe no es esperanza, ambas están relacionadas, mas no son lo mismo: esperanza es el deseo del corazón, fe es el fundamento; la esperanza dice: «Yo espero ir al cielo», la fe dice: «¡Yo iré al cielo!» La fe no es una emoción, es una convicción que da el Espíritu Santo. La fe no es un principio inerte, estático, quieto;

la fe es viva, es real. Hebreos 4.12 declara: «Porque la palabra de Dios es viva y *eficaz*» (énfasis hecho por el autor). ¡Es viva! La palabra «eficaz» proviene del griego *energes*, de la cual se deriva la palabra «enérgico». *Energes* es algo en acción: activo y efectivo, es lo opuesto de la palabra griega *argos*: «ocioso, inactivo e ineficaz». Ponga este concepto dentro de su mente, espíritu, alma y corazón: *Si nuestra fe es una semilla viva, nacida de la confianza en Dios, nutrida por el Espíritu Santo y regada por la Palabra de Dios, ella producirá frutos en nuestras vidas.* ¿Cuáles frutos? Gálatas 5.22, 23 esclarece: «Mas el fruto del Espíritu es amor, gozo, paz, paciencia, benignidad, bondad, FE, mansedumbre y templanza» (mayúsculas agregadas por el autor).

La salvación a usted

Romanos 10.9, 10 manifiesta: «Que si confesares con tu boca que Jesús es el Señor, y *creyeres* en tu corazón que Dios le levantó de los muertos, serás salvo. Porque con el corazón se cree para justicia, pero con la boca se confiesa para la salvación» (énfasis añadido por el autor). La Palabra de Dios dice que usted debe creer en Cristo y entregarle su corazón, debe depositar su fe en su Palabra, aceptarlo como su Salvador y Señor. La palabra *creyeres* proviene del griego *pisteuo*, que es la forma verbal de *pistis* que es FE. Significa confiar en, tener fe en, estar plenamente convencido de, reconocer, depender de alguien. *Pisteuo* es más que creer en las doctrinas de la iglesia o en artículo de fe. Expresa dependencia y confianza personal: que viene después de la conversión por medio de la obediencia. El vocablo implica sometimiento a la voluntad de Dios y una confesión positiva del señorío de Jesús.

Es por medio de la fe que usted podrá ser salvo y participar de la vida eterna. Es una fe personal en Cristo, usted se arrepiente de sus pecados, Él le perdona y escribe su nombre en el libro de la vida. Usted confiesa a Cristo como su Salvador y Señor, le entrega su corazón, entonces usted nace de nuevo espiritualmente. Jesús habló de esto a Nicodemo en Juan 3.3: «Respondió Jesús y le dijo: De cierto, de cierto te digo, que el que no naciere de nuevo, no puede ver el reino de Dios». A usted, por medio de la fe y con un arrepentimiento sincero, se le abrirá la puerta de la vida eterna en Cristo. Jesús usó la figura del «nuevo nacimiento» para indicar tres cosas: 1. Sin el «nuevo nacimiento» no hay vida ni hay verdad ni hay relación con Dios (ver Juan 14.6). 2. Con el «nuevo nacimiento» surge una nueva perspectiva, «vemos el reino de Dios» (Juan 3.3). La Palabra de Dios se hace clara, se experimenta el obrar maravilloso del Espíritu Santo. La fe se torna viva y activa. 3. Por medio del «nuevo nacimiento» somos introducidos, literalmente entramos y se hace realidad el reino de Dios en una nueva dimensión espiritual (ver Juan 3.5). El nuevo nacimiento es más que simplemente ser «salvo», es una experiencia redentora efectuada por la cruz de Cristo la cual nos muestra la dimensión sobrenatural de la vida espiritual con Dios y nos prepara para entrar en su reino, (ver 2 Corintios 5.7). Usted recibe todo esto por medio de la fe en Cristo Jesús y de su Palabra.

Algún tiempo atrás en Inglaterra, cerca de la residencia real en la Isla de Wight, fueron hechas varias casas para los pobres y ancianos; un misionero fue a visitar algunas personas de edad avanzada que allí vivían, y le preguntó a una señora:

—¿La reina Victoria ya les visitó a ustedes aquí?

—Oh, sí —fue la respuesta—, ¡Su majestad nos visita frecuentemente!

Él quería saber si la señora era cristiana, así que el misionero preguntó:

—Y el Rey de reyes, ¿ya hizo alguna visita por aquí?

La señora con una sonrisa contestó amablemente:

—¡No señor, Él no viene a visitar, Él VIVE aquí!

Esto es lo que ha sucedido con usted, después que aceptó a Cristo en su corazón, Él ya no viene a visitarlo, Él VIVE en usted. ¡Alabado sea Dios!

La salvación a su familia

Después de que usted es salvo, el gozo inundará todo su ser y deseará que sus familiares también reciban, por la fe, la salvación divina que usted experimentó. Hechos 16.31 dice así: «Cree en el Señor Jesucristo, y serás salvo tú y tu casa», esta es la promesa de Dios para usted y sus familiares. Cuando el apóstol Pablo predicó al carcelero de Filipos, no solamente él fue salvo, sino toda su familia. El versículo 32 dice: «Y le hablaron la palabra del Señor a él y a todos los que estaban en su casa». El evangelio alcanzó a todos los miembros de su familia; la conversión de este hombre y de su familia fueron tan rápidas y radicales que el versículo 33 relata: «y en seguida se bautizó él con TODOS LOS SUYOS» (mayúsculas añadidas). No dice algunos de su familia, dice TODOS; esta es la promesa bíblica para usted. Todos ellos serán salvos, crea. Tal alegría tenía este hombre que invitó a Pablo a su hogar, como dice la Escritura en el versículo 34, «Y llevándolos a su CASA, les puso la mesa; y se regocijó con TODA SU CASA de haber creído a Dios» (mayúsculas agregadas).

Esto mismo que sucederá con usted y sus familiares; así como usted fue salvo, ellos también lo serán, creerán en el Señor Jesucristo, usted debe orar con fervor por los suyos, reclamando lo que la Palabra de Dios dice. Hay millones de cristianos alrededor del mundo orando por sus familiares que aún no son salvos, millones también ya han recibido respuesta a sus peticiones al ver a sus seres queridos arrodillados al pie de la cruz de Cristo. Conozco a muchos hermanos que me han pedido que orara, y junto a ellos he visto conversiones después de algún tiempo, en nuestra propia familia hemos visto gradualmente la conversión de cada miembro a medida que pasa el tiempo. Es la promesa, usted debe creer que Dios lo hará. Mientras usted ora por ellos el diablo no podrá hacerles daño; ore, ayune reclamando lo que está escrito y verá los resultados. El Señor lo prometió, use la Palabra de Dios como base, fundamento de su fe, orando, pidiendo a Dios que la cumpla; en su debido tiempo experimentará la respuesta.

Durante un servicio en una congregación, una madre cristiana pidió al pastor la oportunidad de testificar sobre la conversión de sus hijos por medio de la Biblia y dijo: «Yo quedé viuda con cinco niños para cuidar, el mayor se tornó en un gran problema al mentir y robar, me sentí impotente ante tal situación. Llegué a pensar en enviarlo a un reformatorio; cierta noche tuve un sueño y una voz muy clara me dijo que yo debía leer la Biblia junto con mis hijos. Yo nunca había hecho esto antes, mi Biblia estaba abierta sobre la mesa de la sala solamente como decoración, entonces comencé a leerla junto con los niños y esto empezó a hacer una gran diferencia en nuestra casa. Mis hijos se ponían alrededor mío, sentados como gatitos oyendo la Palabra de Dios; mi hijo, el mayor, el que me había dado tantos problemas, después de una semana me abrazó y con mucho sentimiento me pidió perdón por lo que había hecho, entonces entregó su corazón a Cristo; aquel día se arrepintió de sus pecados y tuvo un encuentro personal con Cristo. Dios contestó mi oración por la salvación de mis hijos, verdaderamente fue la exposición de la Palabra de Dios, su lectura y su poder, que transformó la vida de mi familia». De la misma manera Dios hará con usted y los suyos. Crea en la Palabra de Dios, ella transformará a los miembros de su hogar y toda su familia.

La salvación a los demás

Hechos 4.12 proclama: «Y en ningún otro hay salvación; porque no hay otro nombre bajo el cielo dado a los hombres en que podamos ser salvos». Es en el nombre del Señor Jesucristo que alguien puede encontrar salvación. Dios el Padre envió a Su Hijo, Jesucristo para salvarnos; en ningún otro hay salvación, dice la Escritura. El Espíritu Santo es el que trae la convicción del pecado a nuestro corazón, la Trinidad divina estuvo y está activa en el plan de la redención del hombre; así como usted fue salvo, sus familiares serán salvos, o quizá ya han sido salvos. Ahora usted podrá llevar la palabra de redención a los demás, a sus vecinos, amigos, colegas y a quienes usted tenga la oportunidad. La maravillosa experiencia que usted tuvo debe compartirla con denuedo, fe y pasión, en agradecimiento a lo que Cristo hizo con usted al salvar su alma. Ahora que conoce a Cristo, Él podrá, después de algún tiempo, llamarle al ministerio, prepararle, capacitarle, ponerle al servicio como pastor, evangelista, misionero o cualquier otra función que Dios tenga para usted.

En el segundo libro que escribí *Heme aquí, Señor, envíame a mí*, relato las experiencias maravillosas que he tenido al compartir la Palabra de Dios después de mi conversión, a los dieciocho años de edad. Al día siguiente de mi encuentro personal con Cristo, yo ya estaba ganando almas para Él; a pesar de haber nacido en un hogar cristiano, tuve que hacer una decisión por Cristo al reconocer mi necesidad de convertirme al Señor debido al accidente automovilístico de mi hermano Tayrone, que relaté en las últimas páginas de mi primer libro *El poder de la Palabra de Dios*. En él usted podrá leer cómo fue su terrible accidente y cómo Dios hizo un gran milagro al levantarle del hospital después de casi setenta días en coma. No hay gozo más grande que éste, después de ser salvo, llevar la salvación a los demás, ya Isaías 12.3 lo afirma: «Sacaréis con gozo aguas de las fuentes de la salvación». Este gozo le llevará a que usted dedique tiempo diariamente para estudiar las Escrituras; siempre que tenga la oportunidad, comparta la Palabra de Dios con amor, misericordia y entrega a cualquiera que cruce en su camino. Dios honrará su Palabra cuando usted predique su evangelio.

No solamente he predicado en estadios, coliseos y centros de convenciones en cruzadas alrededor del mundo, así como en campañas evangelísticas en congregaciones, en la radio y televisión, sino que me fascina el evangelismo personal, hablar de Cristo a una persona individualmente. Es mi gran placer testificar y he tenido cientos de cientos de experiencias, principalmente en los aviones, de personas que recibieron a Cristo después de una charla sobre cristianismo. Proverbios 24.11, 12 nos habla sobre nuestra responsabilidad de testificar a los demás: «Libra a los que son llevados a la muerte; salva los que están en peligro de muerte. Porque si dijeres: Ciertamente no lo supimos, ¿acaso no lo entenderá el que pesa a los corazones? El que mira por tu alma, él lo conocerá, y dará al hombre según sus obras». Ahora que ya conoce a Cristo, es su deber llevar la Palabra que traerá la salvación divina a todos aquellos que la acepten. He tenido el gozo de llevar personalmente a la conversión a infinidad de personas que estaban engañadas en sus religiones o sectas, al escuchar la verdad de la Palabra de Dios se han arrepentido y confesado al Señor Jesucristo como el único Salvador y Señor de sus vidas. ¡Aleluya!

La fe que mueve la mano de Dios para la salvación

Isaías 59.1 asegura que la mano de Dios está activa para salvar: «He aquí que no se ha acortado *la mano* de Jehová para salvar, ni se ha agravado su oído para oír» (énfasis añadido por el autor). ¡Dios salvó ayer, salva hoy y salvará mañana! Esta es su promesa: que su mano se mueve cuando usted, yo, o cualquiera, por fe, clamamos por salvación; está disponible, pues todo aquél que invocare el nombre del Señor será salvo, es lo que dice la Escritura. Es por la fe que se mueve la mano de Dios para la salvación. También 2 Corintios 6.2 afirma: «En tiempo aceptable te he oído, y en día de salvación te he socorrido».

Cuando el majestuoso barco «Pamir», de cuatro velas, dejó el puerto de Hamburgo en Alemania con dirección a Argentina había 93 personas a bordo. El viaje de ida aconteció sin problema alguno, pero al regreso, el 21 de septiembre de 1957, una gran tempestad rasgó las velas y causó mucho daño a la nave. La tripulación no podía hacer cosa alguna, el capitán del barco con gran desesperación envió un mensaje por telégrafo: «S.O.S. estamos hundiéndonos». Más tarde el barco se hundió, algunos intentaron desesperadamente llegar a los botes salvavidas, sólo cinco personas lo consiguieron. Todos estaban muy cansados y experimentaban ya hipotermia, cuando llegó el barco «Saxony» y los rescató. Uno de los sobrevivientes narró: «Yo me arrodillé adentro del bote salvavidas, oré al Señor e imploré su ayuda y misericordia, después de esto desmayé, creo que perdí la conciencia, no sé lo que sucedió. Después desperté sano y salvo en el barco Saxony».

La nave de rescate llegó al encuentro de estas personas, no pudo llegar para salvar a todos los que naufragaron, pero consiguió salvar a unos pocos. El que oró humildemente recibió la salvación de las impetuosas aguas del mar. La fe que mueve la mano de Dios para la salvación es ésta, una fe con fervor, sinceridad y reconocimiento de su necesidad. Así como el barco «Parir» se hundió, hay millones de personas que espiritualmente se están hundiendo diariamente sin Cristo. Es necesaria nuestra oración y la predicación de la Palabra de Dios para que Dios mueva su poderosa mano y otorgue salvación a aquellos que se están hundiendo espiritualmente en sus pecados. Ahora es el momento de hacerlo, no mañana. Si usted todavía no tiene a Cristo debe arrodillarse con humildad, como este hombre lo hizo, y pedir misericordia por su alma para que Dios le dé una oportunidad de alcanzar su salvación eterna. Así como el «Saxony» vino y se movilizó para socorrer a los náufragos, la Biblia dice: «en día de salvación te he socorrido»; Dios, de la misma forma vendrá, moverá su mano por medio de la fe para salvarle a usted, a sus familiares y seres queridos. Si usted ya es salvo debe compartir su fe de manera cariñosa y tratar de «salvar» a los que se están hundiendo sin Cristo en el mar de sus transgresiones, sin olvidar que usted también estuvo en el mismo barco anteriormente y que Dios tuvo misericordia de su alma. Por la fe, la mano de Dios traerá la salvación divina a su vida y a quienes usted conoce.

Capítulo 2

La fe que trae la liberación divina a su vida

«Por tanto, he aquí les enseñare esta vez, les haré conocer mi mano y mi poder, y sabrán que mi nombre es Jehová» *(Jeremías 16.21).*

Levítico 25.10 dice: «Y santificaréis el año cincuenta, y pregonaréis *libertad* en la tierra a todos sus moradores; ese año os será de jubileo, y volveréis cada uno a vuestra posesión, y cada cual volverá a su familia» (énfasis añadido por el autor). La palabra *libertad* proviene del hebreo *deror* que significa «libertad, liberación, autonomía, ser puesto en libertad». Este versículo está escrito en la campana de la libertad de Estados Unidos. *Deror* es un término que se aplica a la liberación de los esclavos, según la costumbre judía, cada cincuenta años. El Señor Jesucristo, en su primer sermón, cita Isaías 61.1, afirma que la unción mesiánica y la comisión divina lo habilita con autoridad para «proclamar libertad a los cautivos» (ver Lucas 4.17-19).

Usted es llamado para vivir una vida cristiana completamente libre de toda opresión; cuando Cristo murió en la cruz y resucitó, garantizó liberación total, incluso de lo que pueda traer aflicción a su alma, cuerpo y espíritu. Así como los judíos liberaban a los esclavos cada cincuenta años, nosotros ya fuimos dejados en libertad por Cristo mediante su sacrificio expiatorio en la cruz y su triunfo por medio de la resurrección de los muertos. Usted tiene el poder, la autoridad de reclamar liberación por medio de la fe a todas las áreas de su vida que fueron afectadas antes de su conversión al Señor, es su derecho. Ya fue comprada y pagada la deuda de su esclavitud mediante la sangre de Cristo derramada en el Calvario. Efesios 1.7 explica: «en quien tenemos redención por su sangre, el perdón de pecados, según las riquezas de su gracia». Usted ya fue redimido, comprado con precio de sangre, fue pagada la redención por su vida, y por la fe tiene la autoridad de reclamar su libertad en todas las áreas de su vida, incluso en aquellas que tal vez aún no la ha obtenido.

Al salvarle, la Biblia dice que: «De modo que si alguno está en Cristo, nueva criatura es; las cosas viejas pasaron; he aquí todas son hechas *nuevas*» (2 Corintios 5.17, énfasis añadido por el autor). La palabra *nuevas* proviene del griego *kairos*, que significa «nuevo, no usado, fresco, novedoso». La Palabra de Dios utiliza el término «nuevo» en cuanto a la forma o calidad. Usted fue hecho de nuevo, lavado, perdonado, redimido y justificado. Aunque usted pasó por todo este proceso, ahora es salvo, muchas áreas de su carácter y personalidad fueron dañadas en el mundo y ahora necesitan ser eliminadas de su vida por completo en la medida que usted crece en la fe diariamente. Es aquí donde muchos que conocieron a Cristo regresan después a las cosas del mundo y se descarrían. ¿Por qué? Porque nunca trataron con sus áreas débiles, sus ataduras, con sus pecados anteriores. Pero usted puede alcanzar la victoria y la completa liberación de estas áreas en su vida aplicando y confesando la Palabra de Dios por la fe en oración y ayuno. En la medida que usted va creciendo en la fe y en el conocimiento de la Palabra de Dios, usted pasará básicamente por tres etapas en el desarrollo de su fe. En 1 Juan 2.12-14 el apóstol separa la fe en tres niveles: «Hijitos, jóvenes y padres», los cristianos no tienen el mismo nivel espiritual en la iglesia ni en sus vidas privadas. Nuestra fe va en aumento cada día.

1. La primera etapa es la fe imitadora e inicial.

Primera de Juan 2.12 confirma que esta es la fe de los «hijitos», cuyos «pecados (apenas) han sido perdonados por su nombre» (interpretación añadida por el autor). Esta fe se da al inicio de nuestro conocimiento de Dios y sus caminos. La Biblia los llama «neófitos». Todos, al principio, imitamos la fe de aquellos que nos rodean, que nos inspiran, que son nuestros héroes, nuestros modelos. Normalmente los hijos imitan y admiran la fe de sus padres, los nuevos cristianos imitan y admiran la fe de sus pastores. Si es nuevo en la fe, no se una a personas que son tibias, apáticas, frías espiritualmente en su fe y sin interés por las cosas de Dios. Busque personas maduras, con experiencia, capaces de enseñarle a usted a caminar y ser fortalecido cada día más en el Señor.

2. La segunda etapa es la fe batalladora.

Primera de Juan 2.14 asegura que esta es la fe de los jóvenes, una fe de lucha y de batalla en que los jóvenes habían vencido al maligno. Es la edad de la presión sexual por parte de los amigos, de vencer las tentaciones, de afirmarse y madurar en Cristo para recibir la victoria. Esta es la fe de los jóvenes que saben que Dios es bueno y poderoso, que sueñan con hacer grandes cosas para Él, pero que todavía no disciernen las limitaciones dadas por Dios. Todos en esta edad hemos soñado que Dios nos usará grandemente y que esto sucedería como resultado en nuestras vidas de creer en Él por la fe. En este nivel las pruebas son tan reales como el aire que respiramos, aquí se hacen todo tipo de promesas a Dios para servirle, se descubre la perfecta voluntad de Dios para nuestras vidas. Aquí los jóvenes saben que ellos han vencido al diablo y que Dios tiene grandes cosas para ellos. Algunas veces, en este nivel, nos hemos sentido en el pico de la montaña, en la cúspide de la gloria de Dios, después de haber vencido una batalla espiritual; pero en otras ocasiones nos sentimos fríos y desanimados al ser derrotados en algún área de nuestra vida que todavía está en proceso de maduración. Este nivel de fe sufre altos y bajos durante el periodo de la juventud, por ello Efesios 4.15 indica: «Sino que siguiendo la verdad en amor, crezcamos en todo en aquel que es la cabeza, esto es, Cristo».

3. La tercera etapa es la fe del conocimiento y de la madurez.

Primera de Juan 2.13 nos deja saber que esta es la fe de los padres, «porque conocéis al que es desde el principio». Es la fe madura, del conocimiento y experiencia. Más adelante, en 1 Juan 2.14a confirma: «habéis conocido». Ya pasaron por la fe inicial de los «hijitos», por la fe del entusiasmo de los «jóvenes», ahora están en la fe madura de los «padres». Esta fe ha sido probada más veces y ha llegado a madurar por medio de las pruebas, ahora disfruta de una íntima relación personal con Dios. Los «padres» han aprendido a poner a Dios en primer lugar en todas las áreas de sus vidas, han soportado la crítica, le han creído a Dios en cosas que le parecían imposibles, han sido fieles al Señor en tiempos difíciles de luchas, tribulaciones y crisis, han muerto a sí mismos renunciando a lo personal, tomaron la cruz de la negación diaria con Cristo. Este es el nivel que Pablo nos aclara en 2 Timoteo 2.2:

«Lo que has oído de mí ante muchos testigos, esto encarga a HOMBRES FIELES QUE SEAN IDÓNEOS PARA ENSEÑAR también a otros» (mayúsculas agregadas por el autor). Este nivel del «padre» es de hombres de carácter sólido, fieles, humildes, capaces, idóneos, maduros, probados, experimentados, aptos para enseñar, ejemplos, santos, consagrados, dedicados, íntegros, limpios, puros sexualmente, abnegados, irreprensibles, sobrios, prudentes, decorosos, sabios, no codiciosos, no deseosos de ganancias deshonestas, amables, apacibles, no avaros, que gobiernen bien su casa, que tengan sus hijos en sujeción, de buen testimonio con los de afuera, sin doblez, de conciencia limpia, honrados y mucho más. Una vez que usted ya sabe que la fe se centra en Cristo y en la Palabra de Dios, que conoce las tres etapas de la fe, podrá ubicarse en alguna de ellas; ahora debe buscar la bendición de Dios diariamente e incrementar su nivel de fe al crecer espiritualmente en cada una de ellas. Por fe, mientras usted lee este libro, permita que la mano de Dios se mueva a su favor y sea partícipe de todas las promesas espirituales descritas en estas páginas.

La liberación de la tentación

El salmo 144.1-2 nos anima cuando dice: «Bendito sea Jehová, mi roca, quien adiestra mis manos para la batalla, y mis dedos para la guerra; misericordia mía y mi castillo, fortaleza mía y mi LIBERTADOR» (mayúsculas añadidas por el autor). La Biblia nos habla que el Señor le enseñará, adiestrará, le preparará para la batalla en contra de la tentación y que Él le llevará a la guerra prometiendo ser su libertador, traerle protección en las áreas débiles, en cuanto a lo moral se refiere, de su vida. El diablo le bombardeará con pensamientos y le tentará para hacerle caer en lo mismo de su vida pasada, o quizá, hacerle experimentar por curiosidad lo que usted nunca hizo antes; usted debe resistir firme en la fe, de acuerdo con lo que la Palabra indica en Santiago 4.7: «Someteos, pues a Dios; resistid al diablo, y huirá de vosotros».

Muchos hombres y mujeres cristianos me escriben por correo postal y electrónico que no pueden vencer el problema de la tentación sexual, sucumben a la masturbación; el problema no está en la masturbación, pues atacarla directamente es vano e improductivo; es necesario atacar la raíz del problema, es decir, cerrar la puerta a lo que usted está viendo, sean imágenes pornográficas en revistas, videos o por Internet. En primer lugar, el problema está en sus ojos, la mente absorbe lo que usted está viendo; una vez que se vence la tentación de mirar lo ilícito, por el poder de la sangre de Cristo, sus ojos son limpios y libres, su mente seguirá el mismo curso y será libre de la tentación sexual así como de lo que le hace fracasar; tendrá una mente sana, pura, limpia y llena del Espíritu Santo. Ciertamente, Jesús, al referirse a esto, dijo: «Pero yo os digo que cualquiera que mira a una mujer para codiciarla, ya adulteró con ella en su corazón. Por tanto, si tu ojo derecho te es ocasión de caer, sácalo, y échalo de ti, pues mejor es que se pierda uno de tus miembros, y no que todo tu cuerpo sea echado al infierno. La lámpara del cuerpo es el OJO; así que, si tu OJO es bueno, todo tu cuerpo estará lleno de luz; pero si tu OJO es maligno, todo tu cuerpo estará en tinieblas. Así que, si la luz que en ti hay es tinieblas, ¿cuántas no serán las mismas tinieblas?» (Mateo 5.28 y 6.22-23 mayúsculas añadidas).

Durante la Segunda Guerra Mundial, Inglaterra estuvo muy cerca de caer en manos de los nazis alemanes; Hitler casi exterminó el ejército británico en Dunkirk, las tropas alemanas bombardearon durante toda la noche. Inglaterra estaba a punto de ser conquistada, pero en medio de la oscuridad de la noche, Winston Churchill salvó a la nación inglesa; tomó los micrófonos de la radio y habló al país estas profundas palabras que trajeron ánimo a los corazones y la victoria al ejército de Inglaterra: «Nosotros iremos a luchar y defender a nuestra isla sea cual sea el costo, nosotros lucharemos por todos los lados, lucharemos en las playas, lucharemos en los campos, lucharemos en las calles de las ciudades, lucharemos en las montañas, lucharemos día y noche hasta obtener la victoria y seguiremos luchando, porque jamás nos rendiremos a nuestros enemigos». Esto es exactamente lo que nosotros debemos hacer en cuanto a la tentación sexual en nuestras vidas: luchar, batallar, hacer guerra. Luchar contra nuestros ojos de lascivia, contra nuestra mente con imágenes ilícitas, frente a nuestros pensamientos impuros, contra nuestros deseos carnales, luchar, luchar y luchar, hasta vencer. El enemigo nos bombardeará con la tentación en varias formas, empezando con nuestros ojos hasta llegar a nuestra mente, con los pensamientos, en el intento de que nosotros podamos caer vencidos en sus manos. Toda la vida el diablo nos buscará para hacernos caer. Así como el Primer Ministro Winston Churchill habló a los ingleses y obtuvieron la victoria, de la misma manera la Palabra de Dios nos habla y alienta en 1 Corintios 10.13: «No os ha sobrevenido ninguna TENTACIÓN que no sea humana; pero fiel es Dios, que no os dejará ser TENTADOS más de lo que podéis resistir, sino que dará también juntamente con la TENTACIÓN la salida para que podáis soportar» (mayúsculas agregadas). ¡Aquí está la promesa del Señor! Dios nunca permitirá algo que esté más allá de nuestras fuerzas; es imposible, Él no puede ir contra su Palabra.

Al ser tentado, si piensa que no puede vencer, corra a los pies de Cristo y arrodillado, en oración, reprenda en su mente todo espíritu tentador que venga a hacerle caer. Si fracasa en algún momento, no se desanime, vuelva a Él con arrepentimiento. Él le perdonará. Intente nuevamente, levántese y siga caminando. La vida cristiana es una batalla espiritual constante, así será hasta que estemos en su presencia. Siga luchando y por la fe vencerá la tentación; si le falla a Cristo en alguna ocasión con sus ojos y pensamientos, vuelva a Él inmediatamente con lágrimas, sollozos, en verdadero arrepentimiento; Él le recibirá y jamás le rechazará. Él entiende su lucha: No huya *de* Él, corra *a* Él, no se vaya *de* Él, vaya *a* Él. Tome las armas de la oración, el ayuno, la lectura diaria de la Palabra de Dios; viva una vida recta, limpia y verá que será un gran vencedor en Cristo Jesús. La liberación de la tentación sexual está prometida en las Escrituras para usted. Solamente tome posesión de lo que Cristo ya hizo. Examine lo que dice

2 Corintios 10.4-5: «Porque las armas de nuestra milicia no son carnales, sino poderosas en Dios para la destrucción de fortalezas, derribando argumentos y toda altivez que se levanta contra el conocimiento de Dios y llevando cautivo todo PENSAMIENTO a la obediencia a Cristo». Usted puede, por fe, llevar todo pensamiento impuro cautivo a la obediencia en Cristo. Las armas disponibles para usted son poderosas, capaces de destruir toda obra tentadora a su vida. Crea en la Palabra. Debe saber que todos, alrededor del mundo, enfrentamos tentaciones seamos congregantes o ministros. Observe lo que dice 1 Pedro 5.9: «Al cual resistid firmes en la fe, sabiendo que los mismos padecimientos (tentaciones) se van cumpliendo en vuestros hermanos en todo el mundo» (sinónimo agregado por el autor). Millones han recibido liberación, han sido libres por la fe y siguen disfrutando de esta libertad victoriosa. Usted también puede. ¡Sea libre!

La liberación del pecado

Romanos 8.2 declara: «Porque la ley del Espíritu de vida en Cristo Jesús *me ha librado* de la ley del pecado y de la muerte» (énfasis añadido por el autor). La expresión *ha librado* proviene del vocablo griego *eleutheroo* que significa «libertar, liberación, remitir, redimir, dejar en libertad». En el Nuevo Testamento esa palabra se usa exclusivamente para referirse a la obra de Cristo de liberar, traer liberación a los creyentes del pecado. Cuando usted conoció a Cristo, Él le perdonó, rescató de su antigua vida de pecados, le redimió de la maldición y lo puso en libertad. Pero ahora empezará una lucha sin cuartel entre su carne y su espíritu, que combatirán dentro de usted. El poder de Dios, por medio del Espíritu Santo, le proporcionará fuerza para vencer mientras que la carne tratará de hacerle pecar sucumbiendo a la tentación, como se mencionó anteriormente. Romanos 8.8 declara: «Y los que viven según la carne no pueden agradar a Dios»; usted por la fe puede vencer a la carne, la tentación y el pecado. Alguien dijo que en realidad la tentación no es pecado, pecar es ceder a la tentación, así que para no pecar es necesario vencer y ser liberado de la tentación, sólo así será libre de pecado; una cosa lleva a la otra. Es como el eslabón de una cadena que debe ser roto, así, la tentación debe ser destruida, vencida por la sangre de Cristo y su poder.

El Reverendo J. Alexander Clark, un misionero escocés que laboró en África, cuenta una experiencia que tuvo con un africano que estuvo a punto de morir cuando fue atacado por una leona; Clark estuvo con él hasta que sanó y pudo irse por su propia cuenta, tres meses después el africano regresó a donde estaba el misionero, le dijo: «Usted conoce las leyes de la jungla, de la selva africana que dictan que el redimido pertenece a su redentor; en este caso yo soy el redimido porque usted me salvó de la muerte y usted es mi redentor. Yo estaba casi muerto, usted me salvó la vida, ahora estoy vivo; aquí estoy junto a mi esposa, mis hijos, mi ganado y todo lo que tengo, yo le pertenezco a usted, haga de mí lo que usted quiera». Lo mismo sucede con nosotros, usted y yo pertenecemos a nuestro Señor Jesucristo,

Él es nuestro redentor, nuestro Salvador; Él nos liberó de la muerte eterna, sanó las heridas de nuestro pasado que el pecado había causado, por tanto nosotros somos de Él. Fuimos redimidos por Su sangre, tenemos a un nuevo Maestro y Señor; la Escritura lo confirma en 2 Corintios 5.15: «Y por todos murió, para que los que viven, ya no vivan para sí, sino para aquel que murió y resucitó por ellos». Pertenecemos a Cristo, somos parte de su reino, somos extranjeros y peregrinos aquí en la tierra, estamos en camino a la vida eterna en los cielos junto al Padre, al Hijo y al Espíritu Santo. De la misma manera que el misionero Clark físicamente salvó de la muerte y limpió las heridas del africano, Cristo lo hizo por nosotros espiritualmente, pues Efesios explica: «Y él os dio vida a vosotros, cuando estabais muertos en vuestros delitos y PECADOS» (mayúsculas agregadas por el autor).

Usted fue, por la fe, liberado del pecado. Si todavía hay áreas de debilidad en su vida cristiana que aún permanecen a su vida pasada y que le hacen ceder al pecado, usted puede ser libre. Romanos 6.6 dice: «Sabiendo esto, que nuestro viejo hombre (vida pasada) fue crucificado juntamente con él, para que el cuerpo de PECADO sea destruido, a fin de que no sirvamos más al PECADO» (interpretación y mayúsculas añadidas por el autor). ¡Aquí está su victoria! Su vida pasada ya murió, usted es una nueva criatura en su alma, cuerpo y espíritu; usted ya fue liberado del pecado. Lea nuevamente Romanos 6.11: «Así también vosotros, consideraos muertos al PECADO, pero vivos para Dios en Cristo Jesús, Señor nuestro» (mayúsculas agregadas por el autor). La tentación y el pecado le asecharán continuamente en todos los miembros de su cuerpo, en sus deseos carnales, en su mente, pensamientos, actitudes, palabras, etc., pero usted puede vencer y ser liberado de todo esto. Romanos 6.12 reitera: «No reine, pues, el PECADO en vuestro cuerpo mortal, de modo que lo obedezcáis en sus concupiscencias» (mayúsculas agregadas por el autor). Usted ya ha sido libre del pecado por la obra redentora del Calvario. ¿Y cuál es la base bíblica que usted tiene para reclamar esta promesa? Romanos 6 una vez más aclara: versículo 18: «Y libertados (liberados, libres) del PECADO, vinisteis a ser siervos de la justicia». Versículo 22: «Mas ahora que habéis sido LIBERTADOS del pecado y hechos siervos de Dios, tenéis por vuestro fruto la santificación y como fin, la vida eterna» (mayúsculas e interpretación agregadas por el autor). ¡Alabado sea Dios que ya fuimos libres!

La liberación de influencias malignas

Al hablar de la vida y del ministerio de Cristo, Hechos 10.38, nos dice: «Cómo Dios ungió con el Espíritu Santo y con poder a Jesús de Nazaret y cómo éste anduvo haciendo bienes y sanando a todos los OPRIMIDOS por el diablo, porque Dios estaba con él» (mayúsculas añadidas por el autor). Cuando Cristo murió en el Calvario y resucitó, Él cargó con toda la opresión del enemigo que pudiera habernos dañado a nosotros. Muchos cristianos todavía están bajo la aflicción de la opresión en sus vidas; hay mucha opresión, así como hay variadas formas de angustia y tribulación que todos enfrentamos en un determinado punto en nuestra vida. Usted podrá llamar opresión a una prueba que está experimentando, unas son diseñadas por Dios para hacernos crecer espiritualmente, todos hemos tenido luchas que nos han hecho madurar en nuestro caminar con Cristo; pero también hay opresiones diabólicas, que son producidas para hacer sufrir, llorar y angustiar. La Biblia dice que usted puede ser liberado de toda obra e influencia de las tinieblas que quiera destruir su cuerpo, alma o espíritu, así como sus bienes materiales. La Palabra de Dios relata en Hechos 5.16: «Y aún de las ciudades vecinas muchos venían a Jerusalén, trayendo enfermos y atormentados (oprimidos) de espíritus inmundos; y todos eran sanados» (interpretación añadida por el autor). Usted por la fe puede ser libre de toda influencia y opresión maligna en su vida.

Como hijo de Dios usted no tiene por qué ser atormentado por la opresión del enemigo. Hay muchos cristianos que conozco que viven bajo algún tipo de opresión diabólica en sus vidas y no han podido vencerla, sea física o espiritual. Tal vez sea algún pecado escondido en sus vidas, o quizá, simplemente sea un intento de Satanás de robarle la paz trayendo a su vida todo tipo de presión para mantenerle oprimido. El rey David enfrentó problemas como éste, lea los salmos 42.9 y 43.2 en que dice: «Diré a Dios: Roca mía, ¿Por qué te has olvidado de mi? ¿Por qué andaré yo enlutado por la OPRESIÓN del enemigo? Porque tú eres el Dios de mi fortaleza… ¿por qué andaré enlutado (triste, angustiado) por la OPRESIÓN del enemigo?» (interpretación y mayúsculas añadidas por el autor.) David era perseguido por sus enemigos que querían hacer daño a su vida; usted y yo tenemos nuestro enemigo espiritual que nos quiere destruir y tratará de traer opresión a nuestro espíritu y alma para quitarnos el aliento de servir a Cristo. También hará el intento de tocarnos físicamente con enfermedades malignas para hacernos sufrir, pero por la fe usted puede vencer al enemigo.

En el mundo tan agitado en que vivimos, uno de los grandes problemas es que la opresión ha hecho que muchos cristianos sufran depresión por varias razones. Usted podrá pensar que esto solamente sucede con quienes no son cristianos, pero no es así. Damaris y yo hemos aconsejado a muchísimos hermanos que están sufriendo la opresión del diablo con alguna forma de depresión en sus vidas. Hay dos tipos de depresión: física y espiritual, esta última es cuando el diablo toma ventaja de una situación e invade tanto la mente como el espíritu de la persona para afligirla, manteniéndola cautiva, porque el problema es espiritual y no físico. La física puede ser tratada con medicamentos y puede ser causada por la muerte no superada de algún ser querido, porque la persona cree que no debería haber ocurrido, se da con más frecuencia en la muerte de la pareja, los padres, hijos, etc. Éstas son razones suficientes para ahogarse en la depresión, si la persona no está firme y madura en Cristo. También se da el caso de personas que padecen alguna enfermedad crónica y que no han sanado, esto también causa depresión. De igual manera se observa en personas cuya vida matrimonial no es plena o que no han tenido hijos por alguna disfunción física, o bien quienes no están satisfechos con su trabajo, incluso ministros que no son felices con sus ministerios y están frustrados. Las razones son muchas y se presentan de manera diferente.

Muchas personas sin Cristo, al no encontrar respuesta para ser libres de este espíritu maligno llamado depresión, han recurrido al suicidio. Aún de cristianos hemos sabido que han intentado suicidarse por no encontrar la salida a este problema; es increíble, pero cierto, aún algunos cristianos sufren de este mal. Si acaso está sufriendo este problema, hay libros muy buenos, cristianos y seculares, que podrá leer y le ayudarán en esta área, su médico o pastor le puede recomendar algunos títulos, aunque yo creo que Cristo puede romper toda atadura de depresión en su vida, sea física o espiritual. La cruz de Cristo es la respuesta para todos los males de la humanidad, sean espirituales o físicos. Ya que todo fue hecho por Él, la Biblia dice que Él, por la fe suya, le puede liberar del dominio de la depresión, el salmo 69.32 confirma esto: «Lo verán los OPRIMIDOS, y se gozarán. Buscad a Dios, y vivirá vuestro corazón» (énfasis añadido por el autor). Busque a Dios en fe, oración y ayuno, reprenda con la autoridad del nombre de Jesucristo y verá que la depresión desaparecerá de su vida. Yo creo que la depresión es un espíritu maligno que oprime a las personas, los médicos dicen que es una enfermedad, pues ellos se basan en los síntomas físicos; por una parte ellos tienen razón, pero los síntomas físicos son resultado de la influencia maligna de estos espíritus sobre los afectados por la depresión.

De acuerdo con un reporte publicado en la Revista de la Asociación Médica Americana, el 8% de los hombres y el 20% de las mujeres experimentan un serio estado de depresión en el transcurso de sus vidas; algunos viven con la depresión, otros tratan de escapar de ella, pero la realidad es que muchas personas sufren depresión. En su libro *Cómo vencer la depresión* (1975, Editorial Vida), el Dr. Tim LaHaye describe tres fases del problema depresivo: 1. El desánimo. 2. La melancolía. 3. La desesperación. *El desánimo* es la forma más tenue de depresión, en la etapa inicial las personas pueden hacer ciertas cosas para superarla, como ponerse en contacto con la naturaleza, cambiar su horario, hacer ejercicio, aligerar su carga de responsabilidades, salir a comer, etc. Dios sabe que no es pecado sentirse desanimado, aún grandes gigantes bíblicos en ocasiones se sintieron desalentados. Pero si su desánimo no es confrontado, rápidamente le llevará a la segunda fase. Cuando usted llega a *la melancolía* y se deja llevar por ella, empezará a sentirse abrumado, confundido. No le importará su situación, y aunque le importara, no sabría qué hacer para superarla y salir de su problema emocional. De allí, fácil y rápidamente se llega a la última etapa que es *la desesperación*, donde el temor se apodera de muchas personas; es en esta fase que muchos se entregan al alcohol, drogas, prostitución y algunos abandonan sus hogares. También muchos, sin Cristo, optan por terminar con sus vidas; no solucionará nada el que usted trate de huir de esta situación. Este es el último escalón antes de su destrucción final, allí sólo Cristo le puede ayudar con una consejería espiritual sabia de ministros preparados; también se debe buscar ayuda médica profesional. Con la medicina y Cristo se solucionará el problema; con solamente medicamentos controlará la depresión y le llevará mucho tiempo superarla, con Cristo y con la ayuda de profesionales de la salud saldrá mucho más rápido de la depresión. Si tiene fe suficiente, bastará la ayuda de Cristo para que usted venza la depresión; Él será fiel y le sanará.

El siquiatra William Glasser cree que en ocasiones, cuando la persona ya está en la última etapa escoge no sentirse mejor, porque si lo hace deberá confrontarse con los problemas personales de los que intenta escapar; en ocasiones, muchos tratan de huir de Dios, acto que los lleva al borde del precipicio. Si su desesperación se debe a que está huyendo de Dios, regrese a Él inmediatamente, búsquelo lo más pronto posible y ponga las cosas en orden. Si se siente bien, en paz con Dios y con los demás a su alrededor, pero se siente oprimido por la depresión, entonces necesita buscar a un pastor que ore por usted y un médico que le evalúe y le ayude. Recuerde que *usted es una persona única, especial ante los ojos de Dios, nunca la vida se puede volver tan desesperante que usted no encuentre una solución.* Cuando la depresión toque las puertas de su vida, recuerde que usted es tan apreciado como el gran profeta Elías y otros gigantes de la fe que en un momento dado se sintieron oprimidos por este espíritu depresivo; ellos encontraron la solución. Sí hay remedio para la depresión, sea médica o espiritual, y es mediante Cristo; por este medio, usted podrá vencer el desánimo, la melancolía y la desesperación. Para los cristianos está la promesa del Señor en 1 Crónicas 16.21: «No permitió que nadie los oprimiese», Él no permitirá que el enemigo toque su vida. El diablo lo hará solamente si usted le da cabida, o lo que se conoce como «un derecho legal». De nuevo, el Señor promete a los suyos en Isaías 54.14 que «estarás lejos de opresión (depresión), porque no temerás, y de temor, porque no se acercará a ti» (interpretación añadida por el autor). No tema, Dios está con usted en este momento, Por fe, la victoria es suya. Para finalizar, reciba la promesa escrita en Isaías 14.4: «Pronunciarás este proverbio contra el rey de Babilonia, y dirás: ¡Cómo paró el opresor! (como cesó la depresión)» (aclaración añadida por el autor). Si usted está sufriendo con la depresión diga en este momento al diablo en oración, en voz alta: *No tienes poder sobre mi vida, y por la fe en Cristo yo soy libre de la depresión, ella es ilegal en mi vida, por el poder desplegado en la cruz por mí, y por su sangre, soy libre. Recibo la liberación de toda arma forjada contra mí y de toda opresión maligna sobre mi vida. Este espíritu depresivo ya fue vencido por Cristo. Hago esta oración por la fe en el nombre del Padre, del Hijo y del Espíritu Santo. ¡Amén!*

La fe que mueve la mano de Dios para la liberación

Las Escrituras afirman que Dios nos da a conocer su poder mediante su mano para traernos liberación. Jeremías 16.21 dice: «Por tanto, he aquí les enseñaré esta vez, les haré conocer *mi mano* y mi poder, y sabrán que mi nombre es Jehová» (énfasis añadido). Por la autoridad del Señor se quiebra todo poder maligno y se obtiene liberación en las áreas que necesitamos, y mediante la fe conoceremos su poder.

Chatauneuf, el guardián de armas del rey Luis XIII de Francia, estaba mirando a un niño de nueve años de edad que respondía las preguntas hechas por el obispo con muchos detalles y sabiduría, se acercó y le preguntó al niño:

—Yo te daré una naranja, muchachito, si me puedes decir dónde está Dios.

—Mi querido señor —contestó el muchacho— yo le daré dos naranjas para que me diga dónde no está Dios.

¡Exactamente!, Dios está en todo. No hay nada que Él desconozca, no hay lugar donde Él no esté; Él es como el aire, está en todas partes. Él conoce su situación y sabe que necesita LIBERACIÓN en ciertas áreas de su vida, Él entiende su dolor y sufrimiento. El apóstol Pablo escribió a los filipenses durante su primer encarcelamiento en Roma en al año 61 A.D., deseaba la oración de ellos para ser liberado de la cárcel en donde se encontraba: «Porque sé que por vuestra oración y la suministración del Espíritu de Jesucristo, esto resultará en mi LIBERACION» (Filipenses 1.19, énfasis añadido por el autor). Pablo deseaba ser libre de la prisión física, de las cadenas que le ataban pies y manos, estaba bajo aflicción y angustia, deseaba ser libre y por eso rogaba las oraciones de los demás. En el sentido espiritual, todos nosotros, de igual manera necesitamos ser LIBERADOS por medio de la oración y del ayuno, de la tentación, del pecado, de las influencias malignas en nuestras vidas espirituales y físicas. Usted y yo tenemos las promesas de liberación en la Escritura; todo lo que tenemos que hacer es tomar posesión, por fe, de estas ricas, poderosas y eficaces promesas. Debemos reclamarla por medio de la fe, de la confesión, de la aplicación de la Palabra de Dios en nuestras vidas sin vacilar, entonces la mano de Dios se moverá a nuestro favor para la liberación. Está escrito en el salmo 32.7, es para usted y para mí: «Tú eres mi refugio, me guardarás de la angustia (opresión); con cánticos de LIBERACIÓN (de la tentación, del pecado, de las influencias malignas, de la depresión, etc.) me rodearás» (interpretación y énfasis añadidos por el autor).

Vea las promesas del salmo 91, léalas atentamente, varias veces, hasta que sea una realidad en su vida; medite, memorice estos versículos extraordinarios que nos prometen liberación, victoria y paz en el Señor, este Salmo establece que si usted y yo, por fe, escogemos a Dios como nuestro protector encontraremos en Él todo lo que necesitamos o deseamos. Nuestro consuelo es hacer del Señor nuestro refugio, en contra de las tentaciones, del pecado, de influencias malignas porque encontraremos el respaldo de Dios en todas las áreas de nuestra vida. Nuestra vida espiritual y física estará protegida por la gracia divina contra las tentaciones del diablo, que son como los lazos del cazador y del contagio del pecado que es como la peste destructora; estaremos libres de las influencias malignas que son como el terror nocturno y la saeta que vuela de día. Dios, a los creyentes, nos promete seguridad en medio de tanto peligro, la verdad de las Escrituras nos impedirá asustarnos y la fe que mueve la mano de Dios no nos dejará temer cualquier ataque maligno, todo estará bajo el control y la perfecta voluntad de nuestro Padre celestial. Usted y yo veremos cumplidas las promesas de Dios y Él estará de nuestro lado en medio de la pestilencia que ande en oscuridad, los ataques secretos del diablo contra nosotros, mas no nos llegará la mortandad. En medio de la lucha espiritual Él enviará a sus ángeles para que nos protejan, pase lo que pase, nada nos dañará aunque se desaten problemas, pruebas y tribulaciones. La promesa de Dios es que Él nos librará, a usted y a mí, a su debido tiempo, de todas nuestras aflicciones, dolores y dificultades; mientras tanto Él estará con nosotros en nuestras angustias, Él nos librará cuando le invoquemos con sinceridad, humildad y de corazón, nos dará una larga vida aquí en la tierra y encontraremos el camino de su salvación. Entonces habrá terminado toda tentación, pecado e influencia maligna y estaremos con Él para siempre y disfrutaremos de la eternidad en los cielos. Por fe reciba su victoria y la mano de Dios traerá la liberación divina a su vida.

Capítulo 3

La fe que trae la sanidad divina a su vida

«Porque la mano de Dios me ha tocado»

(Job 19.21b).

Éxodo 15.26c declara: «porque yo soy Jehová tu *sanador*» (énfasis añadido por el autor). La palabra *sanador* proviene del hebreo *rapha*, que significa «curar, sanar, enmendar, restaurar la salud»; su participio *rophe*, «aquel que sana», es la misma palabra hebrea que se usa para doctor. Aunque el verbo *rapha* denota principalmente la sanidad física, también se puede aplicar para la sanidad de cualquier necesidad que la persona tenga, sea emocional, mental o cualquier otra, aunque el énfasis de la palabra *rapha* es para sanidad física. El Señor quiere que nosotros estemos sanos en todas las áreas de nuestra vida. Usted fue llamado a vivir sanamente para servir a Cristo y llevar una calidad de vida que refleje al Dios que usted conoce y testifica.

Una hermana que era muy dedicada al servicio del Señor, después de un largo tiempo de enfermedad recibió sanidad y comentó con su pastor: «Yo tengo un pajarito que todas las mañanas canta afuera de mi ventana muy temprano; mientras yo estuve enferma, él me daba serenatas». La mujer, con una bella sonrisa en sus labios continuó su testimonio: «A mí me gusta este pajarito porque él siempre canta en los días de lluvia, cuando la tormenta hace callar a la mayoría de los otros pájaros, él continua entonando su bella melodía». Esta es la actitud correcta de una persona que enfrentó molestias físicas y esperó, por fe, que la sanidad llegará. Si el sencillo canto de un pajarito, que estoy seguro fue proporcionado por Dios, pudo traer paz y consuelo a esta hermana durante su tiempo de enfermedad, cuánto más la mano del Dios Todopoderoso le ayudará a superar esta fase de sufrimiento. La voluntad del Padre celestial es siempre sanar. El Señor hará que cese la tormenta de su enfermedad y le proporcionará gozo y tranquilidad al contestar su oración, por fe, en cuanto a la sanidad que usted necesita.

Jeremías 33.6 también dice: «He aquí que yo les traeré sanidad y medicina; y los curaré, y les revelaré abundancia de paz y de verdad». El deseo del corazón de Dios es que usted sea sanado, sea físicamente de todas sus enfermedades, sea emocionalmente de sus heridas interiores, sea mentalmente de todo problema que usted pueda tener. Dice que Él traerá estas bendiciones a su vida, al darle paz y consuelo; la medicina que Dios aplica es de ámbito espiritual, Su poder puede quitar la tribulación y angustia que usted está pasando y llevarle a recibir, por la fe, toda sanidad que está disponible en la Palabra de Dios. Esta es su promesa, usted debe creer, por fe, que será hecho.

La sanidad física

Yo creo de todo corazón y predico sobre la sanidad física de nuestros cuerpos, pues ella es prometida para nosotros en las Escrituras; sobre este asunto se ha hablado mucho, se han escrito muchos libros y se ha producido muchísima evidencia audiovisual. Esto es bíblico y si usted no cree en la sanidad divina, entonces usted no cree en la Biblia, porque ella, desde Génesis hasta Apocalipsis habla de la sanidad física. Yo he visto sanidades en todos los continentes del planeta, especialmente en 1999, en nuestra cruzada en Madras (Chennai), India, donde ciegos, paralíticos, cojos y personas con diferentes enfermedades fueron sanadas por el poder de Dios, en el nombre del Señor Jesucristo. El ministerio que dirijo produjo dos DVD's que hablan sobre la sanidad, uno tiene una duración de noventa minutos, su título es: *El poder extraordinario de la fe y la sanidad divina*, el otro, *¿Habrá algo imposible para el Dios Todopoderoso?* dura sesenta minutos. En este material usted encontrará evidencias bíblicas y muchos testimonios de sanidades que hemos sido testigos a través de los años. Sería imposible mencionar todas estas ilustraciones y citar todos los versículos bíblicos sobre la sanidad física que contiene dicho material, por tanto, sólo mencionaré algunos; usted debe decidir entre aceptar lo que los hombres dicen y permanecer con su enfermedad o creer lo que la Palabra de Dios, la Biblia, dice y recibir sanidad divina en su cuerpo físico. Así como usted ya recibió a Cristo, por fe, como su Señor y Salvador, ¿por qué no aceptar por fe la sanidad divina? El mismo Dios que por su Palabra le prometió salvarle es el mismo Dios que le prometió sanarle. ¡Es lo mismo!

Tercera de Juan 1.2 dice: «Amado, yo deseo que tú… tengas *salud*» (énfasis hecho por el autor), la palabra *salud* en griego es ***hugiaino***, que es comparado a «higiene e higiénico»; significa estar sano del cuerpo, en perfecta salud. El apóstol Juan deseaba a su amado hermano Gayo que él tuviera salud, esa era su oración. De la misma manera Dios desea lo mismo para nosotros ¿en que se glorifica Dios al usted estar enfermo?, ¡Él se glorifica cuando Él le sana! Hay tres razones bíblicas o posibilidades por el cual usted podrá estar enfermo: 1. Usted está en pecado y en desobediencia, Dios en su misericordia permite una enfermedad en su vida para llevarle al arrepentimiento por medio del dolor. 2. Usted tiene alguna disfunción física del ámbito natural que le hace estar enfermo. 3. El diablo le tiene enfermo por medio de espíritus y demonios de enfermedad. Pero de ninguna manera Dios lo tiene enfermo, pues la Biblia no dice esto jamás, con excepción de la primera razón que se mencionó anteriormente.

Isaías, en el capítulo 53 del libro que lleva su nombre profetizó, ochocientos años antes que Jesús naciera, que una de las muchas bendiciones de la obra redentora que Él haría en la cruz del Calvario, es que Él llevaría nuestras enfermedades y traería la sanidad física, además de perdonar nuestros pecados. Vea lo que dice Isaías 53.4, 5: «Ciertamente llevó él nuestras enfermedades, y sufrió nuestros dolores; y nosotros le tuvimos por azotado, por herido de Dios y abatido. Mas él herido fue por nuestras rebeliones, molido por nuestros pecados; el castigo de nuestra paz fue sobre él, y por su llaga fuimos sanados». Dice que «CIERTAMENTE» Él llevó nuestras enfermedades, así que no hay duda sobre esto, no hay interpretación humana que pueda contrariarle o posición teológica que pueda deshacerlo, ni opinión secular o espiritual que pueda quitar esto, no hay punto de vista doctrinal, denominacional o de concilios que pueda negarlo, pues está escrito y dice: ¡CIERTAMENTE!, ¡punto final!

Una joven cristiana, que había sufrido mucho por causa de la tuberculosis, fue enviada a su casa en Atlanta, Georgia, para morir; los médicos ya no podían hacer nada más por ella. Su esperanza en la medicina había llegado a su fin, porque en realidad Dios usa a los médicos, pero su conocimiento y capacidad llegan hasta un límite, Dios es ilimitado; hay médicos cristianos muy buenos, y todos ellos reconocen lo mismo. Los padres de esta chica ya se habían resignado a lo que iba a suceder. Imagine el sufrimiento de los padres al mirar a su hija al borde de la muerte y no poder hacer nada; ella moriría en su juventud, no tendría la alegría de casarse, no sería madre, nunca le haría una caricia a su hijo ni lo vería crecer, ¿usted cree que esta es la voluntad de Dios para una chica cristiana?, ¿morir de esta manera, tan joven? Una noche, estando ella en cama, muy débil y cansada, leía su Biblia esperando encontrar consuelo para su alma. Mientras leía, el sueño la venció y se durmió, su Biblia cayó de sus manos al lado de la mesita de noche junto a la lámpara; al escuchar el ruido que hizo la Biblia al caer, se despertó, con mucho esfuerzo extendió su mano para agarrarla y subirla a la cama; cuando la levantó, estaba abierta y sus ojos se posaron en el capítulo 53 de Isaías. El Espíritu Santo le habló y le dijo: «¡Lee los versículos 4 y 5!» Ella empezó a leer una vez, dos veces... el Espíritu nuevamente le habló y le dijo: «Sigue leyendo, lee de nuevo, hasta que creas en ellos y que sean una realidad para ti». Ella empezó a leer en voz alta estos versículos, los habló de nuevo, varias veces; por un momento ella creyó por fe que podía ser sanada, empezó a confesarlos una y otra vez. Entonces un poder sanador extraordinario la invadió, entre lágrimas y sollozos empezó a gritar «Soy sana, estoy sanada en el nombre de Cristo, soy sana, lo creo, lo creo, Él ya llevó mi enfermedad en la cruz, lo creo». Al escuchar los gritos, su madre fue a verla, sorprendida vio que ya estaba de pie y caminaba de un lado a otro con la Biblia en sus manos, leyendo y confesando la Palabra; en ese momento ella recibió sanidad. ¡Aleluya! Esta joven fue sanada instantáneamente por el poder de Dios, alcanzó la sanidad porque creyó y confesó lo que está escrito, hoy ella continúa sana y feliz. El diablo la tenía atada a la tuberculosis, pero cuando ella creyó, llegó Cristo y quebró el poder de las tinieblas en su vida. Lo mismo puede suceder con usted, debe creer en lo que Dios le ha dicho y no en lo que los pesimistas e incrédulos le han dicho, incluyendo aquellos cristianos derrotados y sin fe que irán a desanimarle porque ellos mismos no creen y viven atados, enfermos, oprimidos. No se resigne a la enfermedad, no la acepte, dígale que su presencia en su vida es ilegal, que su cuerpo pertenece al Señor, por tanto tendrá que salir, en el nombre de Cristo, ¡sea libre de su enfermedad hoy!

Una de las facetas del ministerio de Cristo que también fue profetizado por Isaías cuando predijo que Él sanaría a los enfermos. Podemos leer en el capítulo 61.1: «El Espíritu de Jehová el Señor está sobre mí, porque me ungió Jehová y me ha enviado a predicar las buenas nuevas a los oprimidos y a publicar libertad a los cautivos (a los atados a las enfermedades)» (interpretación añadida por el autor). Jesús, cumpliendo esta profecía en la sinagoga de Nazaret, mencionó las mismas Escrituras en Lucas 4.17, 18, 21: «Y se le dio el libro del profeta Isaías; y habiendo abierto el libro, halló el lugar donde estaba escrito: El Espíritu del Señor... por cuanto me ha ungido para... pregonar libertad a los cautivos, y dar vista a los ciegos a poner en libertad a los oprimidos... Y comenzó a decirles: Hoy se ha cumplido esta Escritura delante de vosotros». Él estaba cumpliendo esta Palabra, Dios lo había enviado para dejar en libertad a los oprimidos por las enfermedades, aquellos que estaban cautivos por el diablo bajo dolor, angustia y sufrimiento. Esta es la promesa para usted y para mí, en Él seremos sanados de todas nuestras enfermedades. El tiempo y el espacio en este libro no permiten relatar todas las sanidades que he visto alrededor del mundo.

Entonces, Jesús llevó a cabo lo que sobre Él se había escrito, lea Mateo 4.23, 24: «Y recorrió Jesús toda Galilea... sanando toda enfermedad y toda dolencia en el pueblo... y le trajeron todos los que tenían dolencias, los afligidos por diversas enfermedades y tormentos... y los paralíticos y los sanó». La mayor parte de su ministerio consistió en sanar enfermos, cabe recordar que la Biblia dice que «Jesucristo es el mismo ayer, y hoy, y por los siglos» (Hebreos 13.8). Entonces la sanidad es para usted hoy, aquí y ahora, si Él no cambia y sanó ayer, también sana hoy y sanará mañana; esto es lo que la Palabra de Dios declara. Decir que las sanidades y los milagros terminaron con la era apostólica es negar las Escrituras, porque ellas no son antiguas ni modernas, ellas son ETERNAS. Al concluir el libro de Los Hechos de los apóstoles, Lucas, el médico amado, no termina con un AMÉN, no fue el fin, por lo tanto sigue hoy, pues continuamos viendo sanidades y milagros por todas partes. Jesús, otra vez, cumplió lo que las Escrituras hablaron sobre Él en cuanto a sanidad, lea Mateo 8.16, 17: «Y cuando llegó la noche... sanó a todos los enfermos; para que se cumpliese lo dicho por el profeta Isaías, cuando dijo: "Él mismo tomó nuestras enfermedades, y llevó nuestras dolencias"». Crea en las Escrituras y será sanado por el poder de su Palabra. No es posible escribir todos los versículos que hablan de la sanidad, no es posible, para esto se necesita escribir un libro solamente sobre la sanidad; hay muchos libros sobre esto y muy buenos. Pero en este momento deseo preguntarle ¿cuánto tiempo hace que usted está enfermo, en espera de su sanidad? Vea lo que dice en Juan 5.6-9 en relación con el paralítico en el estanque de Betesda que llevaba treinta y ocho años esperando ser sanado: «Cuando Jesús lo vio acostado, y supo que llevaba ya mucho tiempo así, le dijo: "¿Quieres ser sano?"» Se imagina, ¿quién no desea ser sano? «Señor, le respondió el enfermo, no tengo quien me meta en el estanque cuando se agita el agua; y entre tanto que yo voy, otro desciende antes que yo. Jesús le dijo: Levántate, toma tu lecho, y anda. Y al instante aquel hombre fue sanado». Si usted ha esperado mucho tiempo por su sanidad, reciba hoy por fe el milagro para su vida, haciendo que la mano de Dios se mueva a su favor trayéndole alivio a su dolor, angustia y sufrimiento. Jesús tuvo compasión, clemencia, misericordia de aquel hombre que durante casi cuarenta años estuvo enfermo; Él tendrá la misma compasión por usted. Por fe reciba hoy su sanidad, Él ya pagó el precio en el Calvario.

Usted debe creer por fe y recibir su milagro, como el cojo de nacimiento en la puerta del templo «La Hermosa» lo recibió, cuando Pedro reprendió su enfermedad. Lea el capítulo 3 de Los Hechos de los Apóstoles; quiero hacer énfasis que fue por fe que este hombre sanó, pues la Biblia dice en Hechos 3.16: «Y por la FE en su nombre, a éste, (el cojo) que vosotros veis y conocéis, le ha confirmado su nombre; y la FE que es por él ha dado a éste (al cojo) esta COMPLETA SANIDAD en presencia de todos vosotros» (interpretación y mayúsculas añadidas). El Señor no lo sanó en parte, lo hizo COMPLETAMENTE, porque este hombre creyó, por fe, que podría recibir la sanidad. El apóstol Pablo también experimentó lo mismo, y está narrado en Hechos 14.8-10: «Y cierto hombre de Listra estaba sentado, imposibilitado de los pies, cojo de nacimiento, que jamás había andado. Éste oyó hablar a Pablo, el cual fijando en él sus ojos, y viendo que tenía fe para ser sanado, dijo a gran voz: Levántate derecho sobre tus pies. Y él saltó, y anduvo». Dicen las Escrituras que Pablo, «VIENDO QUE TENIA FE PARA SER SANADO» Esto es todo lo que usted necesita, la fe que moverá la mano de Dios para sanarle. Observe lo que Jesús requería, lo que era necesario de parte de las personas que fueron a Él para ser sanadas, todas ellas tuvieron algo en común: todas necesitaban IR a Cristo con FE. Observe:

- Jesús dijo al centurión, cuando sanó a su criado, que éste poseía una gran fe: «De cierto os digo que ni aun en Israel he hallado tanta fe», Mateo 8.10.
- A la mujer que tuvo flujo de sangre por doce años, Jesús le dijo, después que fue sanada: «Ten ánimo, hija; tu fe te ha salvado (sanado)», Mateo 9.22, interpretación añadida por el autor.
- Jesús dijo a los dos ciegos que sanó: «¿Creéis que puedo hacer esto? Ellos dijeron: Sí, Señor. Entonces les tocó los ojos, diciendo: Conforme a vuestra fe os sea hecho. Y los ojos de ellos fueron abiertos», Mateo 9.28-30.
- Jesús dijo a la mujer cananea, al sanar a su hija que estaba atormentada por un demonio: «Oh mujer, grande es tu fe; hágase contigo como quieres. Y su hija fue sanada desde aquella hora», Mateo 15.28.

* Jesús dijo a sus discípulos que la razón por la cual ellos no habían podido sanar a un muchacho lunático era «Por vuestra poca fe; porque de cierto os digo, que si tuvieres fe... nada os será imposible», Mateo 17.20.
* Jesús dijo a Jairo cuando su hija había muerto y Él estaba a camino para resucitarla: «No temas, cree solamente», Marcos 5.36.
* Jesús dijo al ciego Bartimeo al sanarle de su vista: «Vete, tu fe te ha salvado. Y en seguida recobró la vista», Marcos 10.52.
* Jesús dijo a sus discípulos después que Él maldijo a la higuera y ellos se maravillaron porque se secó desde la raíz: «Tened fe en Dios... porque de cierto os digo que cualquiera... y no dudare en su corazón, sino creyere que será hecho lo que dice, lo que diga le será hecho. Por tanto, os digo que todo lo que pidieres orando, creed que lo recibiréis, y os vendrá», Marcos 11.22-24.

Crea, pues, por fe y Dios le sanará de su enfermedad, Lucas 5.17 dice: «y el poder del Señor estaba con él para sanar». Ahora mismo el poder de Dios está allí para sanarle, crea en esto. Jesús habló a la mujer que derramó sus lágrimas a sus pies y al besarle lo ungió con perfume, «Pero él dijo a la mujer: Tu fe te ha salvado, ve en paz», Lucas 7.50. Todo es fe en la vida cristiana, tiene que creerlo. Jesús preguntó a sus discípulos al reprender los vientos y el mar: «¿Dónde está vuestra fe?», Lucas 8.25. El Señor le pregunta hoy lo mismo: usted, ¿está listo para recibir su sanidad por medio de la fe? Más tarde los apóstoles pidieron a Cristo: «Auméntanos la fe», Lucas 17.5. Necesitamos decir lo mismo, necesitamos creer, necesitamos humillarnos y reconocer que necesitamos aumentar nuestra fe para recibir grandes cosas, incluyendo nuestra sanidad. Cristo le dijo a Pedro, y al mismo tiempo nos habla a nosotros en Lucas 22.32 para que no nos encuentre sin fe, «Pero yo he rogado por ti, que tu fe no falte». No debemos faltar en nuestra fe, ni vacilar o dudar, pues el espíritu de incredulidad es real e irá a bloquearle las bendiciones. Nunca alcanzaremos nada del Señor si nosotros no creemos, pues Santiago 1.6-8 dice claramente: «Pero pida con fe, no dudando nada, porque el que duda es semejante a la onda del mar, que es arrastrada por el viento y echada de una parte a otra. No piense, pues, quien tal haga, que recibirá cosa alguna del Señor. El hombre de doble ánimo es inconstante en todos sus caminos». Si le falta fe en su vida para ser sanado, pídala en oración. Ore y ayune, pida con humildad y Él le concederá. Por fe la sanidad es suya, ¡crea y la recibirá!

La sanidad interior y emocional

Muchas personas, incluso cristianos, necesitan no sólo sanidad física, sino también sanidad interior en sus vidas; sus corazones necesitan sanidad en sus emociones, de los recuerdos desagradables del pasado y de las heridas internas. Isaías 61 también es aplicable en sanidad interior; éste fue uno de los ministerios de Cristo, profetizado por Isaías y que Cristo cumplió en Lucas 4.18: «vendar (sanar) a los quebrantados de corazón». Tal vez su corazón necesite ser sanado de experiencias del pasado que dañaron sus emociones; tales circunstancias trajeron dolor a sus sentimientos y los recuerdos se quedaron allí, causando profundas heridas en su corazón y su vida. Quizá usted todavía no ha sido libre de esto, por lo que su mente y pensamientos, cada vez que los recuerdos vuelven, le causan aflicción y angustia. Usted necesita ser libre interiormente. Cristo desea sanar su quebrantado corazón y traer libertad a su vida de cualquier dolor interno que usted tenga en su área emocional o en su memoria. Muchas veces la razón por la cual las personas están enfermas físicamente es por causas internas, de tipo emocional, debido a la falta de perdón, ya que la raíz del resentimiento causa enfermedades serias, aún a muchos cristianos.

Por muchos años el Dr. Stewart Wolf trabajó como profesor de medicina y siquiatría en la Escuela de Medicina de la Universidad de Oklahoma; es conocido como uno de los pioneros en relacionar el estrés emocional y la preocupación con los problemas cardiacos. Él dijo: «El corazón es probablemente uno de los órganos más vulnerables en relación con las estadísticas de muerte por deficiencia cardiaca. Cada parte del cuerpo, no sólo el corazón, sufre por las perturbaciones emocionales». El Dr. Wolf está hablando del hecho real del dolor que acarrean las experiencias tristes, el dolor emocional del corazón es reflejado en forma de enfermedad cardiovascular en nuestro corazón físico. El peso de la angustia se traslada del ámbito emocional al físico, provocando problemas cardiacos. La ciencia médica confirma lo que la Palabra de Dios dice en el salmo 147.3: «Él sana a los quebrantados de corazón, y venda sus heridas». También el reconocido siquiatra, Dr. Van Buren O. Hammett, del Colegio Médico y Hospital Hannemann, ha estudiado el tema, él explica: «Supongamos que usted tuvo un problema en el pasado que le causó gran dolor y sufrimiento. Está allí, adentro, en sus emociones, en su corazón y mente. Cada vez que sus pensamientos le recuerdan lo sucedido el sentimiento de dolor, angustia, temor y ansiedad regresan a su cuerpo y afecta a cada miembro físico, desde los pies hasta la cabeza y provocará enfermedades en su vida conforme el tiempo pase».

Una vez más la medicina afirma lo mencionado por las Escrituras, los médicos se refieren a las enfermedades causadas por problemas emocionales como «psicosomáticas», este vocablo compuesto por *psico*, proviene del griego *psuca*, que significa alma, y *somática*, del griego *soma* que significa cuerpo, de esta manera se relacionan alma y cuerpo.

Usted debe saber que las heridas interiores nos separan de Dios, así que necesitamos sanidad interior. El resentimiento, la amargura y la falta de perdón son motivo suficiente para que Dios no escuche sus oraciones y que tenga trastornos emocionales. Hebreos 12.15 dice claramente: «Mirad bien, no sea que alguno deje de alcanzar la gracia de Dios; que brotando alguna raíz de amargura, os estorbe, y por ella muchos sean contaminados». Tal vez usted no ha perdonado a alguna persona que le hizo daño, por ello está atado a la ira, al odio, tristeza, dolor, resentimiento o amargura. Necesita perdonar para obtener la sanidad interior. Jesús fue herido, rechazado, burlado, lastimado, Él pasó por todas estas tristes experiencias, mas Él perdonó y solamente Él puede sanar su corazón. Isaías 61.3 dice: «A ordenar que a los afligidos de Sion se les dé gloria... óleo de gozo en lugar de luto, manto de alegría en lugar de espíritu angustiado».

Sólo Cristo puede extraer su aflicción, sólo Cristo le puede dar gozo, quitando sus tristes recuerdos, sólo Cristo le puede dar alegría al sanarle sus emociones que fueron dañadas y sólo Cristo puede deshacer el espíritu de angustia que oprime su corazón por todas estas malas experiencias del pasado. La SANIDAD interior es el amor de Dios en acción para liberarle, proporcionando la sanidad emocional que usted necesita. Sea cualquier triste experiencia que usted haya vivido en su niñez, adolescencia, juventud, edad adulta o durante su vejez, Él tiene el poder de sanarle, claro que siempre y cuando usted le permita. Dios quiere sanarle, hacerle libre en su relación con los demás, Él quiere que reciba el afecto, cariño y ternura que su corazón desea. Él quiere quitarle el temor, el miedo de ser rechazado nuevamente; porque quizá usted rechaza a los demás porque fue rechazado anteriormente. Él quiere quitarle su vacío interior y borrar de una vez por todas las malas y tristes circunstancias que usted experimentó en su vida pasada o está experimentando ahora.

Dios le ama incondicionalmente, tal como usted es, no como lo que usted aparenta ser. Él lo conoce. Empiece la sanidad interior en su vida ahora mismo, perdone a todos aquellos que le hicieron daño, perdónese a usted mismo. Aún hay personas que creen que necesitan perdonar a Dios, por la muerte inexplicable de un ser querido y aún no comprenden por qué Él permitió que esto sucediera. Busque la sanidad interior en este mismo momento y sea libre de toda relación negativa en sus emociones, mente, alma, espíritu y corazón. Reconozca que necesita ser sanado, ese es el primer paso; en Cristo usted encontrará la sanidad de su alma. Debe saber que la Palabra de Dios asegura en el salmo 34.18 que Él está cerca de usted, sanará sus heridas del pasado y le traerá completa libertad: «Cercano está Jehová a los quebrantados de corazón; y salva (sana) a los contritos de espíritu» (interpretación hecha por el autor). Esta es la promesa para usted, y fue Dios mismo el que se la dio. ¡Sea sano de sus emociones y sea libre, en el nombre de Cristo!

La sanidad mental

De la misma manera que Dios puede sanarlo de enfermedades físicas, de sus heridas emocionales, de sus recuerdos tristes y brindarle sanidad interior a su alma, Él también desea sanar su mente de cualquier intervención maligna, liberándolo así completamente. Según dice la Biblia, después de que Jesús expulsó los demonios que habitaban en el cuerpo del gadareno, este hombre fue sanado de su mente y completamente restaurado de sus facultades mentales; lo que relata Marcos 5.15: «Vienen a Jesús, y ven al que había sido atormentado del demonio, y que había tenido la legión, sentado, vestido y en su *juicio cabal*; y tuvieron miedo» (énfasis hecho por el autor). El concepto *juicio cabal* es tomado de la palabra griega *sophroneo* que significa «tener una mente SANA, normal, bien balanceada, con la capacidad de razonar», proviene de *sozo*, «salvar» y *phren*, «mente». El Señor sanó a este hombre de sus trastornos mentales que fueron causados por demonios encargados de dañar el desarrollo óptimo de su capacidad mental. Hay enfermedades mentales que son causadas por alguna disfunción del organismo, éstas pueden ser tratadas por profesionales de la salud, con medicamentos y terapias; hay también, de acuerdo con el relato bíblico, enfermedades mentales de nivel espiritual, de influencias malignas en las mentes de muchas personas que son causadas por espíritus de demonios que aprovechan alguna área para infiltrarse y hacer daño. Jesús sanó a este hombre, le dio una mente sana y juicio cabal. Hay hospitales para enfermos mentales, muchos de los internos están ahí a causa de algún accidente en el que sus cabezas fueron afectadas, por ende su cerebro trastornado y deben ser medicados; esto está bien y es correcto de acuerdo con la ciencia médica, mas no se puede negar que también hay enfermos que sufren opresión en sus mentes y que están sujetos a espíritus diabólicos que desean destruir por completo sus capacidades de raciocinio.

El gadareno no fue la única persona que Cristo sanó de la mente, la Biblia también narra que en otra ocasión el Señor sanó a un muchacho lunático que era atormentado por el diablo, tenía problemas mentales y fue completamente restaurado. Mateo 17.14-18 dice: «Cuando llegaron a donde estaba el gentío, vino a él un hombre que se arrodilló delante de él, diciendo: Señor, ten misericordia de mi hijo, que es LUNÁTICO, y padece muchísimo; porque muchas veces cae en el fuego, y muchas en el agua... respondiendo Jesús, dijo... traédmelo acá... y reprendió Jesús al DEMONIO, el cual salió del muchacho, y éste quedó sano desde aquella hora» (mayúsculas agregadas). La Palabra dice que el muchacho era lunático, sufría de opresión maligna en su mente, también dice que era el demonio, el diablo, el príncipe de las tinieblas que lo atormentaba, no era una enfermedad física que se pudiera tratar con medicinas, era de ámbito espiritual y solamente podría ser sanada por medio del poder de Dios. Tanto este caso como el del gadareno fueron enfermedades mentales provocadas por influencias malignas es por ello que tantos enfermos mentales no pueden recibir sanidad por medio de la medicina, porque su origen es espiritual y no físico. En otros casos hay enfermedades mentales que son físicas y son controladas por profesionales de la salud que administran medicamentos y terapias. Es necesario hacer una distinción entre ambas y aplicar de la manera correcta lo que es necesario para que la persona sea sanada de su azote.

Sea que usted, alguno de sus familiares o amigos padezcan alguna enfermedad mental, causada por una situación física o espiritual, el Señor Jesucristo puede sanar completamente y liberar por el poder de su nombre. Lucas 4.18 dice que Cristo vino a sanar las mentes de aquellos que están enfermos, «A pregonar libertad a los cautivos». Si usted o alguien está cautivo por el diablo, ore y por fe será sanado de sus problemas mentales, pues el mismo versículo termina diciendo que Cristo vino: «A poner en libertad a los oprimidos»; por lo tanto crea por fe que recibirá la sanidad que está buscando. Ore o pida que su pastor o líder espiritual reprenda esta enfermedad en el nombre del Señor Jesucristo y recibirá, por fe, la sanidad mental que está buscando. Yo he visto en cruzadas alrededor del mundo, donde he predicado, muchas personas recibir la sanidad de sus mentes por el poder de Dios al ser reprendida la enfermedad mental. ¡Sea libre por fe!

En Efesios 4.17 el apóstol Pablo dice: «Esto, pues, digo y requiero en el Señor: que ya no andéis como los otros gentiles, que andan en la vanidad de su mente». Nuestra mente debe estar en Cristo, libre de toda influencia o distracción mundana y maligna, lejos de cualquier enfermedad física o espiritual. En Romanos 12.2, de nuevo el apóstol dice: «No os conforméis a este siglo, sino transformaos por medio de la renovación de vuestra mente (entendimiento)» (interpretación añadida por el autor). El mundo ya quedó atrás, somos nuevas criaturas en Cristo, por tanto debemos expulsar toda obra de las tinieblas y tener el propósito de conservar una mente sana, renovada y libre de toda enfermedad para servirle. Haciendo alusión a este tema, Pablo en Efesios 4.23 indica: «Y renovaos en el espíritu de vuestra mente». Es necesario «renovarnos» diariamente por medio de la

Palabra de Dios. Nuevamente el gran apóstol en 1 Corintios 2.16 afirma: «Mas nosotros tenemos la mente de Cristo». Si tenemos su mente, entonces debemos tener los pensamientos y las intenciones del corazón de Cristo y vivir de manera digna de su llamado a nuestras vidas. La Palabra dice en Apocalipsis 2.23, en relación con Cristo: «Yo soy el que escudriña la mente». Él sabe lo que pensamos, lo que está en nuestra mente y su deseo es que seamos libres de todo lo que nos estorba, sea del mundo o de enfermedades. Por último, Jesús haciendo alusión al primer mandamiento, dijo en Marcos 12.30: «Y amarás al Señor tu Dios con todo tu corazón, y con toda tu alma, y con toda tu mente y con todas tus fuerzas» (énfasis añadido por el autor). La palabra *mente* proviene del griego *dianoia*, que literalmente es la «facultad de pensar». *Dianoia* está compuesta por *nous*, «mente» y *dia*, «mediación de». La palabra sugiere «entendimiento, reflexión, percepción, sentido de penetración, meditación y la facultad del pensamiento». Dios quiere que nuestra facultad de pensar esté en Él, que nuestro entendimiento esté enfocado en Él, que nuestra reflexión sea de Él, que nuestra percepción sea de las cosas de Él, que nuestra penetración sea en su Palabra, que nuestra meditación esté solamente en Él, y que nuestros pensamientos provengan de Él… Para ello, nuestra MENTE debe ser completamente SANA y libre de toda enfermedad, sea física o espiritual.

La fe que mueve la mano de Dios para la sanidad

Job 19.21b dice: «Porque *la mano* de Dios me ha tocado» (énfasis añadido por el autor). Dios, por la fe, le tocará, tal vez ya le ha tocado para sanar su vida. Todo lo que usted tiene que hacer es creer que Él tiene el poder suficiente para tocarle, para traerle sanidad en cualquier área que usted necesite. Él es fiel a su Palabra, permita que Él toque su vida ahora mismo, que le sane, que le haga libre. La promesa de Dios es mover su mano y sanarle de toda enfermedad física, sea cual fuere; sanar sus emociones, sus dolorosas experiencias del pasado y proporcionarle sanidad interior; sanarle de enfermedades mentales, originadas por situaciones físicas o espirituales, traerle completa sanidad a su vida de cualquier molestia, azote o enfermedad que usted tenga. Es aconsejable que, como se menciona al final del capítulo dos «La fe que mueve la mano de Dios para la liberación», vuelva a leer el salmo 91 y lo memorice. Este salmo no solamente se aplica a liberación, sino también a sanidad divina. Los versículos 9 y 10 hablan de la sanidad de enfermedades y dicen: «Porque has puesto a Jehová, que es mi esperanza. Al Altísimo por tu habitación. No te sobrevendrá mal, ni plaga tocará tu morada». Aquí hay una gran promesa de Dios para su salud, en relación con la sanidad divina; estos pasajes prometen la protección de enfermedades como una bendición de la vida redimida en Cristo. La palabra *plaga*, proviene del hebreo *nehgah* que se utiliza para algo «infligido» sobre un cuerpo, durante un tiempo se utilizó específicamente para las manchas de lepra. Aquí se habla de una defensa permanente contra las ENFERMEDADES «infligidas», pero a condición de que nosotros hagamos del Señor nuestra verdadera «esperanza y habitación». ¿Cómo podemos hacer esto? Dos palabras hebreas en el versículo 9 nos dan la respuesta: La palabra *makhseh*, traducida como *esperanza*, quiere decir «refugio, lugar de protección, guarida», ya que se deriva de la raíz hebrea *khawsaw*, que significa «buscar protección, confiar en». La palabra hebrea *maween* es traducida como *habitación*, indica un «retiro», esta palabra proviene de la raíz *onah*, que describe la seguridad que se experimenta en la intimidad de la vida, como en el matrimonio. De estas dos palabras claves emerge un gran principio y una promesa, cuando hacemos de Dios nuestra *esperanza*, nuestro *refugio*, nuestra *habitación*, confiando en Él completamente al llevarle nuestras preocupaciones, temores y necesidades. Cuando buscamos su orientación al invertir tiempo para estar en su presencia íntimamente, amándole y caminando junto a Él cada día entraremos en un «*refugio*» lleno de promesas divinas como la salud. Esta verdad nos salvaguarda del hacer de la oración por la sanidad un recurso de emergencia, como sucede con algunos, que acuden a Dios sólo en caso de enfermedad. Busquemos, pues, el arrepentimiento, una renovada comunión con Dios y tendremos su protección en contra de las enfermedades, sean físicas, emocionales o mentales, al vivir una vida de comunión con Él. ¡Aleluya! La sanidad es suya, la mano de Dios traerá la sanidad divina a su vida. Crea y recíbala por fe.

Capítulo 4

La fe que trae la prosperidad divina a su vida

«Todos ellos esperan en ti... abres tu mano, se sacian de bien»

(Salmo 104.27, 28).

Josué 22.9 relata: «Así los hijos de Rubén y los hijos de Gad y la media tribu de Manasés, se volvieron, separándose de los hijos de Israel, desde Silo, que está en la tierra de Canaán, para ir a la tierra de sus *posesiones*, de la cual se habían posesionado conforme al mandato de Jehová por conducto de Moisés» (énfasis añadido por el autor). La palabra *posesiones* en hebreo es *achuzzah*, que es algo «obtenido, aguantado, asido o agarrado». *Achuzzah* usualmente se refiere a la tierra de Israel (o cualquier porción de ésta), que habría de ser pertenencia perpetua de los descendientes de Jacob. En el salmo 2.8 Dios promete a su Mesías las más remotas partes de la tierra (es decir, la totalidad de la tierra) como su posesión. La forma verbal *achaz* se relaciona estrechamente con esta palabra, la cual significa, «asir, adquirir, agarrar, obtener, y tomar posesión». *Achaz* se traduce frecuentemente como «sobrecoger».

La voluntad de Dios es prosperarnos. Después de 400 años, Él sacó al pueblo de Israel de la miseria y de la esclavitud de Egipto, lo llevó a la tierra prometida. Ellos lo obtuvieron mediante una promesa hecha directamente por Dios mismo, tomaron posesión por medio del poder de Dios que los hizo vencer las batallas por medio de Josué. La misma promesa es para nosotros hoy. Él desea bendecirnos en todas las áreas de nuestras vidas, juntamente con nuestras familias, en el área espiritual, material y ministerial. Su propósito es sacarnos de la miseria y de la esclavitud en estas tres áreas y llevarnos a disfrutar de su plena bendición. Génesis 39.2, 3 cita: «Mas Jehová estaba con José, y fue varón próspero… Y vio su amo que Jehová estaba con él, y que todo lo que él hacía, Jehová lo hacía prosperar en su mano». La Escritura es clara: Todo lo que José hacía, Dios lo prosperaba. Así como Potifar notó que el Señor estaba con José, Dios le prosperará abundantemente y los demás también se darán cuenta que Dios está con usted, cuando usted es íntegro, fiel y recto para con Él. Su voluntad es bendecirnos, quien diga lo contrario no conoce la Palabra de Dios.

Muchos libros se han escrito sobre este asunto, desafortunadamente cuando hablamos de prosperidad pensamos automáticamente en finanzas, mientras que la prosperidad, para nosotros los cristianos debe abarcar por lo menos tres áreas: la espiritual, la material y la ministerial. Hemos escuchado muchas predicaciones elocuentes sobre la prosperidad, algunas de ellas bíblicas, otras absurdas, exageradas y sin temor de Dios; algunos «predicadores» han torcido la Palabra y se han enriquecido al aplicar a su «conveniencia» preceptos torcidos en relación con la prosperidad, pero el gran apóstol Pablo ya nos había alertado en 1 Timoteo 6.9, 10: «Porque los que quieren enriquecerse caen en la tentación y lazo, y en muchas codicias necias y dañosas, que hunden a los hombres en destrucción y perdición, porque raíz de todos los males es el amor al dinero, el cual codiciando algunos, se extraviaron de la fe, y fueron traspasados de muchos dolores».

El exitoso norteamericano cristiano, hombre de negocios, J. C. Penney, dijo cierta vez: «Si yo pudiera enviar un mensaje a todos los jóvenes de este país, les diría que el éxito en la vida no es privilegio de los genios de los negocios. Cualquier joven de inteligencia común, que trabaje con ahínco, dedicación e integridad alcanzará la prosperidad, igualmente encontrará obstáculos en el camino. Le recomendaría que sea perseverante en cualquier situación. Las posibilidades de triunfar serán medidas por su determinación y harán que sea próspero en todas las áreas al alcanzar su objetivo cuando vea el fruto de su trabajo». Estoy de acuerdo con lo que dijo el hermano Penney, todos podemos triunfar y prosperar si trabajamos con esmero, esfuerzo y rectitud, no importa nuestra área de especialidad, todos tenemos la oportunidad de superarnos. Necesitamos buscar el rostro de Dios y su perfecta voluntad en el área de la prosperidad y todo lo que hacemos debe ser para su gloria, entonces ciertamente triunfaremos.

La prosperidad espiritual y la madurez

Tercera de Juan 2 deja en claro: «Amado, yo deseo que tú seas prosperado en todas las cosas… así como prospera tu alma». Lo primero que debemos buscar es ser prosperados espiritualmente y alcanzar una madurez sólida en Cristo. Nuestra alma está primero, nuestra comunión con Dios. De allí, todo lo demás se dará por añadidura, pues Cristo mismo dijo en Mateo 6.33: «Mas buscad primeramente el reino de Dios y su justicia, y todas estas cosas os serán añadidas». La prosperidad no debería ser un fin en sí misma, sino el resultado de la calidad de vida, de entrega, dedicación, consagración a Él. La palabra *prosperado* usada en el versículo 2 de 3 Juan, en el griego es *euodoo* que literalmente significa «ayudar sobre la marcha» o «tener éxito en alcanzar». Claramente implica que la prosperidad divina no es un fenómeno momentáneo o pasajero, sino que es más bien un estado continuo, progresivo de buen éxito y bienestar. Se aplica a todas las áreas de nuestra vida, sea espiritual, física, emocional, material y yo añadiría, para los ministros, el área ministerial. Sin embargo, Dios no quiere que pongamos énfasis indebido a la prosperidad, pues hay que mantener un equilibrio con sabiduría. La madurez espiritual debe ser nuestra prioridad; conocer a Dios debe ser nuestra meta, después vendrá todo lo demás. La madurez le hará sabio, diestro, apto y lícito para toda buena obra, la madurez le colocará en niveles espirituales profundos, le llevará a posiciones espirituales muy elevadas en el reino de Dios. Busque la madurez espiritual antes que todas las demás cosas y verá que la mano de Dios se moverá a su favor.

La primera compra que hizo John Wanamaker, cuando tenía diez años de edad, fue comprar una Biblia por veinticinco centavos; la estudió profundamente y llegó a ser un respetado líder cristiano. Alguien le preguntó cierta vez: «¿Cómo es que usted consigue tiempo para dirigir la escuela dominical con más de 4 mil alumnos, además trabaja en una tienda de departamentos y es el gerente general de la oficina de correos, sin mencionar otras obligaciones?» El hermano Wanamaker contestó, sin vacilar: «Porque la escuela dominical es mi negocio, mi prioridad es el crecimiento espiritual de los niños. Todas mis demás responsabilidades son cosas secundarias. Hace cuarenta y cinco años entendí que la promesa del Señor era correcta: «Buscad primeramente el reino de Dios y su justicia y todas las demás cosas os serán añadidas» (Mateo 6.33). La prosperidad espiritual es lo primero que debemos alcanzar, el alma es lo primero que debemos alimentar, tanto en nosotros como en los demás. Ser lleno de la Palabra de Dios nos llevará a un nivel espiritual maduro, al conocerla y aplicarla en nuestras vidas.

En Josué 1.7, 8 Dios dijo dos veces a Josué que le prosperaría si él guardaba la Palabra, vea lo que el Señor indicó: «Para cuidar de hacer conforme a toda la ley que mi siervo Moisés te mandó; no te apartes de ella ni a diestra ni a siniestra, para que seas *prosperado en todas las cosas que emprendas*. Nunca se apartará de tu boca este libro de la ley, sino que de día y de noche meditarás en él, para que guardes y hagas conforme a todo lo que en él está escrito, porque entonces harás *prosperar tu camino y todo te saldrá bien*» (énfasis añadido por el autor). Esta es la llave para la prosperidad espiritual de nuestra alma, amar a su Palabra y ponerla en práctica. De la misma manera, David aconsejó a su hijo Salomón, antes de que ocupara el trono, está escrito en 1 Reyes 2.3: «Guarda los preceptos de Jehová tu Dios, andando en sus caminos, y observando sus estatutos y mandamientos, sus decretos y sus testimonios, de la manera que está escrito en la ley de Moisés, para que *prosperes en todo lo que hagas y en todo aquello que emprendas*» (énfasis añadido por el autor).

David sabía por experiencia propia que la Palabra de Dios le había prosperado espiritualmente y también en todas las batallas que él emprendió para el Señor. También el joven rey Uzías, de apenas dieciséis años, hizo lo recto y justo, las Escrituras dicen en 2 Crónicas 26.5: «Y persistió en buscar a Dios en los días de Zacarías, entendido en visiones de Dios; y en estos días en que buscó a Jehová, *él le prosperó*» (énfasis añadido por el autor). Por ello, en nuestra vida espiritual debemos oír la Palabra que cambiará lo que aún está mal en nosotros, o escondido y nos hace pecar, debemos hacerlo para beneficio de nuestra alma, pues la Biblia dice que si no obedecemos, no seremos bendecidos o prosperados, vea lo que dice Proverbios 28.13: «El que encubre sus pecados *no prosperará*; mas el que los confiesa y se aparta alcanzará misericordia (*o será prosperado*)» (interpretación y énfasis agregados por el autor). Es por conocer, aplicar la Palabra de Dios y vivir conforme a sus principios, que Dios moverá su mano para bendecirnos espiritualmente, al hacernos sabios, íntegros y fieles.

La prosperidad material, diezmos y ofrendas

Malaquías 3.10 declara: «Traed todos los diezmos al alfolí y haya alimento en mi casa; y probadme en esto, dice Jehová de los ejércitos, si no os abriré las ventanas de los cielos, y derramaré sobre vosotros bendición hasta que *sobreabunde*» (énfasis agregado por el autor). La palabra *sobreabunde* en hebreo es *day* que quiere decir ser bendecido «más que suficiente, con plenitud, en gran cantidad, inconmensurable». La palabra *day* aparece cerca de 40 veces en el Antiguo Testamento; se observa por primera vez en Éxodo 36.5, que habla de una ofrenda voluntaria de oro y otros objetos. El pueblo ofreció de una manera tan generosa que las Escrituras describen su ofrenda como «más que suficiente». *Day* se encuentra en el título de la famosa canción de agradecimiento de Pascua *Dayenu*, que significa «sería suficiente para nosotros», cada verso relaciona algo que Dios hizo por Israel en el Éxodo y concluye diciendo que si Dios hubiera hecho «solamente eso y nada más» habría sido «suficiente para nosotros». Los diezmos y las ofrendas son la llave para la prosperidad económica del cristiano, mi esposa Damaris y yo, con nuestros hijos Kathryn y Joshua, hemos experimentado grandes bendiciones en todas las áreas de nuestras vidas al ser fieles en esto. Dios nos ha prosperado en gran manera en el área financiera, tenemos nuestra casa propia en un área excelente, nuestros hijos asisten a una escuela privada cristiana, ellos han viajado conmigo a todos los continentes, cada año tomamos nuestras vacaciones en diferentes lugares del mundo gracias a la acumulación de millas en la línea aérea Delta, tenemos dos carros, Dios nos ha provisto buena ropa; nunca nos ha faltado alimento, por el contrario, hemos bendecidos a aquellos que no tienen, tenemos muy buena salud y tenemos una relación familiar excelente entre los cuatro, también hemos bendecido a otros financieramente, además del ministerio. Todo esto ha sido posible porque hemos cumplido la Palabra de Dios en relación con diezmos y ofrendas.

El plan de Dios para la prosperidad económica para nosotros incluye el diezmo y las ofrendas. Muchos «cristianos» están incapacitados en esta área por su propia pobreza, ésta es causada por la desobediencia a la Palabra de Dios, que se manifiesta de muchas maneras, una de ellas es «robarle» a Dios. Malaquías 3.8 dice claramente: «¿Robará el hombre a Dios? Pues vosotros (muchos «cristianos») me habéis robado. Y dijisteis ¿En que te hemos robado? *En vuestros diezmos y ofrendas*» (interpretación y énfasis agregados por el autor). Es clara la Escritura. Yo creo, por lo que he visto alrededor del mundo, que robar a Dios en los diezmos es el único delito en la Biblia en que la persona es maldecida dos veces; vea el versículo nueve: «Malditos sois con maldición… porque me habéis robado», la persona ya está maldecida financieramente y todavía le vendrá otra maldición. Si usted quiere pasarse de «listo» y roba a Dios verá en la pobreza que vivirá. He visto que la razón por la cual los cristianos tienen necesidad financiera es porque no le son fieles a Dios en sus diezmos. ¡Punto! En consecuencia, estas personas se privan a sí mismos de las bendiciones que Dios desea otorgarles. Cuando usted cesa de diezmar está quebrantando la Palabra de Dios, y cuando usted viola este principio, la Palabra no podrá obrar a su favor. Ningún cristiano sabio dejará de diezmar y ofrendar, solamente dejarán de dar sus diezmos aquellos que son movidos por la codicia y la ignorancia de las Escrituras al interpretar la Palabra de Dios de una manera errónea, por la avaricia. Ellos, al hacer esto, son engañados por espíritus diabólicos que atan sus mentes y corazones, al final le llevarán en la pobreza financiera y espiritual en sus vidas. Sea obediente en sus diezmos y ofrendas, entonces verá la mano de Dios moverse a su favor.

Vea lo que dice en Malaquías 3.11 y lo que Dios hará por nosotros si somos fieles en los diezmos: «Reprenderé también por vosotros (tú y yo) al devorador, (al diablo, al espíritu de miseria y de pobreza) y no os destruirá el fruto de la tierra, (tu trabajo y el mío) ni vuestra vid (nuestras casas, vidas, hijos, salud, ministerios) en el campo será estéril, (serás prosperado) dice (¿Quién dice?) Jehová Dios de los ejércitos» (interpretación agregada por el autor). Lo dice el propio Dios, no algún hermano, no tu líder, ni tu pastor, dice el Dios Todopoderoso. No importa cual sea la «interpretación» que alguien dé y cómo use las Escrituras para confundirlo y persuadirlo de que no dé el diezmo, es Dios el que ha prometido que el devorador no le tocará. Ser fiel implica que usted probará a Dios, y Él le abrirá las puertas del cielo y hará que el devorador sea reprendido, rechazado. Dios nos invita a probarlo en relación con Malaquías 3.10 por medio de nuestras ofrendas y diezmos para que verifiquemos su fidelidad. ¿Cuáles son los beneficios de esta promesa divina?

1. **Habrá «alimento»**, es decir, «recursos financieros» para la obra de Dios, «en mi casa», o sea, para la congregación, para los ministros, para las misiones, etc.
2. **Serán «abiertas las ventanas del cielo»**, o sea que estará en posición de recibir grandes y abundantes bendiciones, de tal manera que no podrá almacenar, «hasta que sobreabunde», o sea, no las podrá sostener en sus brazos.
3. **Dios reprenderá al devorador** por NUESTRA CAUSA. Él hará que toda bendición financiera que sea destinada para usted no sea detenida por el propio devorador (el diablo).

Cuando éramos recién casados, mi esposa Damaris y yo tuvimos una experiencia inolvidable en relación con los diezmos. Cuando soltero, yo había grabado dos de mis mensajes en cintas de audio; una prédica que di en Nueva York y el otro en Zurich, Suiza. Puesto que cuando mandamos a reproducir los materiales no teníamos dinero suficiente y el dinero de los diezmos estaba en el banco, decidimos usar los diezmos para reproducirlos y después reponerlo. Así lo hicimos y viajé a Los Ángeles a predicar; para nuestra sorpresa, NO SE

VENDIÓ CINTA ALGUNA en todo el fin de semana; la gente se acercaba a la mesa, las miraba, preguntaba por ellas, pero las dejaban… ¡nadie las compró!

Regresamos a casa decepcionados, oramos al Señor y le preguntamos lo que había sucedido, no podíamos creer que nadie se había interesado en ellos. Dios nos habló por medio de las Escrituras que habíamos cometido un gran error, no debimos haber usado su dinero para esa reproducción; si solamente hubiéramos orado a Él, el Señor habría suplido de alguna otra manera, pero no lo hicimos. Nos humillamos, por medio de la oración, arrodillados y avergonzados le pedimos perdón y NUNCA más REPETIMOS este gran error; esto nos sirvió de lección, un aprendizaje para el resto de nuestras vidas y la hemos compartido a nuestros hijos, también la he predicado. Esto sucedió hace dieciocho años, desde entonces Él nos ha bendecido extraordinariamente. No cometa usted esta misma equivocación, no toque lo que es de Él y el Señor le bendecirá abundantemente. Damaris y yo aprendimos lo que está escrito en Levítico 27.30: «Y el diezmo… de Jehová es; es cosa dedicada a Jehová». Lo que es dedicado a Él no podemos usarlo para nuestro beneficio, ni personal, ni ministerial, le pertenece, está dedicado a Él.

He predicado un sermón titulado «Bendecidos para bendecir», está grabado en DVD y tiene una duración de noventa minutos, ahí hablo de lo que es la prosperidad bíblica dentro de los parámetros y principios de la Palabra de Dios; está lleno de Escrituras e ilustraciones verídicas que cambiarán su vida, le prosperarán y bendecirán si usted las aplica. Este mensaje ya ha sido de bendición a muchas personas alrededor del mundo, sus vidas han sido transformadas, sus pensamientos y conceptos cambiados al entender que Dios quiere bendecirnos y prosperarnos en la medida en que nosotros le obedezcamos en diezmos y ofrendas. El diezmo y las ofrendas son la llave para la prosperidad financiera, material y económica.

Usted como cristiano, ¿ya se preguntó qué bendición sería si todos en el cuerpo de Cristo fueran fieles en sus diezmos y ofrendas? Es claro que no todos los cristianos creen que diezmar es la forma bíblica de mantener la obra de Dios; si pensaran así, muy pocas congregaciones tendrían necesidades financieras y podrían sufragar los gastos del ministerio. Consideremos por un momento qué pasaría si todos creyeran en la práctica del diezmo:

1. La iglesia local nunca tendría necesidad financiera.

He conocido tantas iglesias, he predicado en ellas y los pastores me hablan de la gran necesidad financiera que tienen porque sus miembros no son fieles en los diezmos. Esto causa que muchos pastores tengan que trabajar secularmente para sostener a sus familias y les queda un tiempo muy reducido para atender las obligaciones del ministerio. Ellos desarrollarían mejor sus tareas ministeriales si solamente trabajaran a tiempo completo en la obra de Dios, de esta manera crecería el rebaño del Señor, en membresía, de manera más rápida y eficaz. Muchas congregaciones pasan por tiempos financieros difíciles, no porque no haya dinero, sino porque un porcentaje muy pequeño de su membresía diezma. Jesús dijo en Lucas 12.15: «Mirad, y guardaos de toda AVARICIA; porque la vida del hombre no consiste en la abundancia de los bienes que posee». La persona que se percata de las necesidades financieras de la obra de Dios, conoce los principios bíblicos del diezmo y aún así no lo hace ES AVARO, y la Biblia dice que ningún avaro entrará en el reino de Dios. La razón por la que no diezman es sencilla, desean enriquecerse cada vez más, pero eventualmente caen en pobreza. 1 Corintios 6.10 advierte: «Ni los ladrones, ni los *avaros*... heredarán el reino de Dios» (énfasis añadido por el autor). La palabra *avaros* en griego es *pleonektes*, significa literalmente «tener más»; esta palabra se mueve entre el bien y el mal. *Pleon*, equivale a más en cantidad, calidad y número. *Pleonazo* significa hacer más o aumentar, *pleonexia* es AVARICIA, *Pleonektes* significa CODICIA grande, tan anhelante de GANANCIA que defraudará a otros. Una persona a quien *pleonektes* la consume, violará leyes espirituales y seculares, es decir, las leyes de Dios y de los hombres para obtener *ganancias ilegales*. Con astucia, esta persona se abrirá paso a expensas de otros; si es cristiano robará a Dios en los diezmos, si no lo es terminará en la cárcel por hurtar. Efesios 5.3 nos dice que el avaro es idólatra; la idolatría es una forma aumentada de auto-gratificación, que responde a los impulsos del egoísmo humano.

2. El ministerio de la iglesia local sería expandido.

La comisión que Cristo dio a la iglesia es que proclame las Buenas Nuevas en todo el mundo, empezando con la comunidad local. Vea Hechos 1.8b: «Y me seréis testigos en JERUSALÉN, (localmente) en toda Judea, en Samaria» (interpretación hecha por el autor). Desafortunadamente la falta de fondos generalmente limita y frustra la habilidad de la congregación para ministrar a su propia comunidad, si cada miembro diera sus diezmos, sería más que suficiente para el desarrollo del ministerio local.

3. El trabajo misionero sería expandido a todas las naciones.

La tercera parte de Hechos 1.8 dice: «Y hasta lo último (fines) de la tierra» (interpretación hecha por el autor). La razón no es que no haya candidatos a las misiones, sino que las FINANZAS no son suficientes para enviarlos. La falta de fondos para proveer a los misioneros es el problema número uno que las organizaciones misioneras enfrentan cada día; este es el problema. ¿Por qué? ¡Porque muchos cristianos no están cumpliendo con sus responsabilidades financieras en relación con los diezmos! Por causa de muchos de estos «cristianos infieles» la obra mundial de la evangelización sufre y se detiene en cada nación.

4. Los cristianos recibirían grandes bendiciones.

Proverbios 11.24, 25 confirma lo dicho anteriormente: «Hay quienes REPARTEN, y les es añadido más; y hay quienes RETIENEN más de lo que es justo, pero vienen a pobreza. El alma generosa será prosperada; y el que saciare, él también será saciado» (énfasis hecho por el autor). Tanto nuestro testimonio personal, de nuestra familia, como el de los demás hermanos que son files diezmadores es que Dios honra y bendice financieramente, con salud y bienestar a aquellos que cumplen su Palabra. El principio del diezmo traerá muchas cosas buenas a la vida de las congregaciones y de sus miembros. Hay otras perspectivas adicionales cuando uno acepta estos principios bíblicos:

a) La iglesia debe ser sostenida por aquellos que la frecuentan.

b) No habrá necesidad de fondos para sostener a la iglesia y sus ministros si el dinero es encaminado de la manera correcta.

c) Cada cristiano debe ser partícipe en el avance de la obra de Dios por medio de sus diezmos.

d) Seríamos grandemente bendecidos **y no daríamos excusas teológicas en la cuestión de la diferencia del Antiguo** (A.T.) **o**

Nuevo Testamento (N.T.) **en cuanto a los diezmos.** La ley decía: «El diezmo es del Señor», por lo tanto Israel tendría que obedecer obligatoriamente. El principio del Nuevo Testamento es la gracia, y en agradecimiento por lo que Él ha hecho en nosotros, es que diezmamos. No somos obligados ahora, lo hacemos por amor, como agradecimiento por su salvación. ¿Qué pasaría si todos diéramos el diezmo?

* Los cristianos serían bendecidos.
* La Iglesia tendría mucha más fuerza e influencia.
* Dios sería grandemente glorificado en todo el mundo.

Tanto el A.T. como el N.T. hablan del diezmo; seguramente cuando Jesús habló en Mateo 22.21: «Dad pues a César lo que es de César, y a Dios lo que es de Dios», ciertamente Él se refería a los diezmos y ofrendas. Es lógico que dar a Dios está relacionado con los diezmos, ¿qué más podrá ser? También, en Mateo 23.23 se mencionó el tema a los fariseos, al decirles que ellos no deberían de dejar de dar sus diezmos: «Esto era necesario hacer, sin dejar de hacer aquello (el diezmo)» (interpretación hecha por el autor). Otros pasajes de la Escritura abordan el tema, como en Lucas 11.42 y 18.12. **Antes de que Dios diera la Ley a Moisés,** Abraham diezmó a Melquisedec, pues Hebreos 7.2 dice: «A quien asimismo dio Abraham los diezmos de todo». Entonces la práctica de los diezmos ya estaba establecida antes de la Ley, después fue promulgada en la Ley y también el N.T.

habla del diezmo. ¡No hay excusas! Vea también 1 Corintios 16.2 y Hebreos 7.4-9.

Damaris y yo entregamos los diezmos fielmente; esto lo hemos enseñado a Kathryn y Joshua desde que eran pequeños, es parte de nuestro culto de alabanza al Señor por todo lo que Él nos ha dado. Dios tiene un plan para su universo, para esta tierra, para la Iglesia y para cada persona. Los planes de Dios son siempre saludables y correctos. **Sería absurdo, sin fundamento e inconcebible que Dios no tuviera un plan para el sostén financiero de su obra y de su reino, por medio de su Iglesia. Este plan incluye diezmos y ofrendas.** Por tanto, deseo darle 37 razones para que usted dé sus diezmos al Señor en la iglesia de la cual es miembro y las grandes bendiciones que podrá recibir:

1. **Diezmamos porque** Dios dijo a su pueblo que lo hiciera en Deuteronomio 14.22: «Indefectiblemente (ciertamente, absolutamente) diezmarás todo» (interpretación hecha por el autor). Dios lo dijo a su pueblo Israel. Ahora nosotros, somos su Iglesia, somos su pueblo, el Israel de Dios.

2. **Diezmamos porque** el diezmo es santo y pertenece al Señor. Levítico 27.30 y 32: «Y el diezmo… de Jehová es; es cosa dedicada a Jehová… el diezmo será consagrado a Jehová». La Biblia es llamada «libro santo»; la casa del Señor, el templo «lugar santo»; el Espíritu de Dios de

«Espíritu Santo»; y Su diezmo es llamado «diezmo santo», o sea, «consagrado, dedicado» a Jehová.

3. **Diezmamos porque** no queremos robar a Dios. Malaquías 3.8: «¿Robará el hombre a Dios? Pues vosotros (algunos cristianos) me habéis robado. Y dijisteis: ¿En qué te hemos robado? En vuestros diezmos y ofrendas» (interpretación hecha por el autor). Dios me da el 90% de todo, y solamente pide el 10% para Él. Si yo usara el 90% y todavía pusiera mis manos en el otro 10% que es de Dios, no sería diferente a un empleado que, después de recibir su salario, va a la caja fuerte de su patrón y le roba lo que allí está guardado. No dar sus diezmos constituye un robo, y usted ya debe saber que los ladrones no entrarán en el reino de Dios.

4. **Diezmamos porque** no queremos ser maldecidos por Dios en todo lo que hacemos. Malaquías 3.9: «Malditos sois con maldición, porque vosotros, la nación toda (parte de la Iglesia), me habéis robado» (interpretación hecha por el autor).

5. **Diezmamos porque** creemos en la oración y estamos conscientes que necesitamos diariamente de sus bendiciones. Pero si yo desobedezco a Dios y le estoy robando, ¿cómo es que Él contestará mis oraciones? 1 Juan 3.22: «Y cualquiera cosa que pidiéramos la recibiremos de él, porque

guardamos sus mandamientos, y hacemos las cosas que son agradables delante de él». Uno de sus mandatos fue que diéramos los diezmos. ¿Y cómo podemos agradarle? Dándole nuestros diezmos, porque realmente son SUS diezmos. Porque usted no puede dar algo que no ha recibido, usted le entrega sus diezmos porque Él se lo suplió primero, de lo contrario no tendría para darle de regreso.

6. **Diezmamos porque** a Dios hay que pagarle antes que saldar nuestras propias cuentas. Éxodo 23.19: «Las primicias (los diezmos) de los primeros frutos de tu tierra traerás a la casa de Jehová tu Dios» (interpretación hecha por el autor). Lo primero de nuestro salario o de lo que hemos recibido, el 10% debe entregársele a Él, después, lo que queda es para pagar las cuentas a nuestros acreedores y para nuestro beneficio personal.

7. **Diezmamos porque** estamos seguros que Dios es el dueño de todas las cosas y Él tiene el derecho de recibir de regreso, en forma de diezmo, lo que Él ya nos entregó. La tierra y la vida de todo ser viviente pertenece a Él, Salmo 24.1: «De Jehová es la tierra y su plenitud; el mundo, y los que en él habitan». Todo animal que es suplido para nuestro alimento le pertenece, Salmo 50.10: «Porque mía es toda la bestia del bosque, y los millares de animales en los collados». Todos los tesoros del mundo pertenecen a Él, Hageo

2.8: «Mía es la plata, y mío es el oro, dice Jehová de los ejércitos». Y también todos nosotros, los cristianos, pertenecemos a Él, 1 Corintios 6.19: «¿O ignoráis que vuestro cuerpo es templo del Espíritu Santo, el cual está en vosotros, el cual tenéis de Dios, y que no sois vuestros?» Ya que todo le pertenece, también nuestras finanzas, que son suplidas por Él, le pertenecen. Por esto le regresamos el 10% en los diezmos.

8. Diezmamos porque los patriarcas fueron nuestro ejemplo y diezmaron al Señor. Por tanto, nosotros debemos hacer lo mismo. Abraham dio sus diezmos a Melquisedec, Génesis14.20b: «Y le dio Abram los diezmos de todo». Isaac seguramente hizo lo mismo, por la enseñanza de su padre, pues fue grandemente prosperado, Génesis 26.12, 13 y 22: «Y sembró en aquella tierra, y cosechó aquel año ciento por uno; y le bendijo Jehová. El varón se enriqueció, y fue prosperado, y se engrandeció hasta hacerse muy poderoso… porque ahora Jehová nos ha prosperado y fructificaremos en la tierra». Jacob también dio el diezmo, Génesis 28.22b: «Y de todo lo que me dieres, el DIEZMO apartaré para ti» (mayúsculas agregadas).

9. Diezmamos porque no habrá avaricia por ganancias deshonestas en nuestros corazones, pues la ganancia ilícita, el deseo de tener más es avaricia y ésta es idolatría que traerá juicio de Dios a nuestra vida. Colosenses 3.5: «Haced morir, pues lo terrenal en vosotros… malos deseos y avaricia que es idolatría; cosas por las cuales la ira de Dios viene sobre los hijos de desobediencia».

10. Diezmamos porque al hacerlo manejamos al dinero y no al revés, es decir, no nos volvemos sus esclavos, pues Cristo dijo en Mateo 4.10 que «Al Señor tu Dios adorarás, y a él solo servirás». No serviremos al dinero, pues el Señor también estipuló que «No podéis servir a Dios y a las riquezas», Lucas 16.13.

11. Diezmamos porque no queremos que el dinero sea el primer amor de nuestras vidas, como sucede con muchos «cristianos» que todavía no alcanzan la madurez en Cristo y se sirven a sí mismos al querer obtener más de lo que es justo. 1 Timoteo 6.10: «Porque la raíz de todos los males es el AMOR AL DINERO, el cual codiciando algunos (cristianos), se extraviaron de la fe, y fueron traspasados de muchos dolores» (mayúsculas e interpretación añadidas por el autor).

12. Diezmamos porque queremos mantener una conciencia recta e íntegra delante de Dios y de los hombres, porque conocemos cuáles son nuestras responsabilidades financieras con el Señor. Hechos 23.1: «Entonces Pablo, mirando fijamente al concilio, dijo: Varones hermanos, yo con toda buena conciencia he vivido delante de Dios hasta el día de hoy». ¿Quiere tener paz con usted mismo y con Dios? Sea fiel en sus diezmos y ofrendas.

13. **Diezmamos porque** tenemos el temor del Señor y conociendo la necesidad de la obra de Dios, diezmamos; así tendremos nuestras conciencias limpias. 2 Corintios 5.11: «Conociendo, pues, el temor del Señor, persuadimos a los hombres; pero a Dios le es manifiesto lo que somos (Él sabe si usted da los diezmos o no), y espero que también sea vuestras conciencias» (explicación añadida por el autor).

14. **Diezmamos porque** entregar los diezmos es hacer el bien para el progreso de la obra de Dios y del ministerio de la iglesia, no hacerlo es pecado. Santiago 4.17: «Y al que sabe hacer lo bueno, y no lo hace, le es pecado». Sea fiel a Dios en sus diezmos, esto le proporcionará alegría, gozo, placer y felicidad. Lo contrario le traerá amargura de espíritu, tristeza y dolor a su corazón.

15. **Diezmamos porque** sabemos que esta es la voluntad de Dios, de no hacerlo estaríamos incurriendo en desobediencia y Dios castigaría dejando de suplir las necesidades personales y familiares. Lucas 12.47: «Aquel siervo que conociendo la voluntad de su señor, no se preparó (entrego sus diezmos), ni hizo conforme a su voluntad, recibirá muchos azotes» (interpretación añadida por el autor).

16. Diezmamos porque estamos agradecidos por lo que Él ha hecho en nosotros, por su gracia con la cual nos salvó; todo lo que somos y seremos se lo debemos a Él y a su gracia; esto nos lleva a entregarle nuestros diezmos como muestra de gratitud. No es por lo cuánto que hemos trabajado que somos bendecidos, sino por su gracia. 1 Corintios 15.10: «Pero por la gracia de Dios soy lo que soy; y su gracia no ha sido en vano para conmigo, antes he trabajado más que todos ellos; pero no yo, sino la gracia de Dios conmigo».

17. Diezmamos porque ya no más vivimos para nosotros, hemos consagrado nuestras vidas a Él, por tanto también nuestras finanzas y diezmos le pertenecen; porque Él dio su vida por nosotros y resucitó por todos, también le damos todo lo que tenemos, 2 Corintios 5.15: «Y por todos murió, para que los que viven, ya no vivan para sí, sino para aquel que murió y resucitó por ellos».

18. Diezmamos porque nuestro tesoro está en el cielo y no aquí en la tierra. Allí esta nuestro banco celestial que ofrece total seguridad ante la incertidumbre de la economía terrenal; allá no llegaremos en bancarrota, tendremos depositada allí nuestra fidelidad a Él por toda la eternidad. Jesús, refiriéndose a esto dijo en Mateo 6.19-21: «No os hagáis tesoros en la tierra, donde la polilla y el moho corrompen, y donde ladrones minan y hurtan; sino haceos tesoros en el cielo, donde ni la polilla ni el orín corrompen, y donde ladrones no minan ni hurtan. Porque donde esté vuestro tesoro, allí estará también vuestro corazón».

19. Diezmamos porque Dios ama al que da con alegría. Segunda de Corintios 9.7: «Cada uno dé como propuso en su corazón: no con tristeza, ni por necesidad, porque Dios ama al dador ALEGRE» (mayúsculas añadidas por el autor). La palabra griega *alegre*, en griego es *hilaros*, que significa «deseoso de dar, de buena inclinación, da gozosamente, y está listo para dar». La palabra describe un espíritu de alegría que para dar está libre de toda restricción; así damos nuestros diezmos y ofrendas.

20. Diezmamos porque sabemos que cosecharemos lo que hemos sembrado, y esto también se aplica a los diezmos. Gálatas 6.7: «No os engañéis; Dios no puede ser burlado: pues todo lo que el hombre sembrare, eso también segará». Usted diezma, Dios lo prospera, deja de hacerlo y jamás será bendecido como Dios quiere bendecirle.

21. Diezmamos porque amamos el avance de la obra de Dios y del evangelismo en todas las naciones; sabemos que esto solamente se llevará a cabo por medio de los diezmos y ofrendas que nosotros ofrezcamos, pues Cristo dijo en

Marcos 16.15: «Id por todo el mundo y predicad el evangelio a toda criatura».

22. Diezmamos porque deseamos que en nuestra casa no falte nada, que seamos bendecidos y que sobreabunde todo lo que Él nos supla, para poder así bendecir a los demás, como lo hacemos continuamente. Proverbios 3.9, 10: «Honra a Jehová con tus bienes, (tus finanzas) y con las primicias (los diezmos) de todos tus frutos; (tu trabajo). Y serán llenos tus graneros (tu casa y la mía) con abundancia, (más que suficiente) y tus lagares rebosarán (no te faltará nada a ti ni a mí) de mosto (de todo lo que deseas)» (interpretaciones hechas por el autor).

23. Diezmamos porque nuestro salario (o lo que recibimos) no será echado en bolsa rota, nuestro esfuerzo y trabajo no lo robará el diablo. Hageo 1.6: «Sembráis mucho (trabajas mucho), y recogéis poco (por no dar el diezmo); coméis, y no os saciáis; bebéis, y no quedáis satisfechos (nunca tienes lo suficiente); os vestís, y no os calentáis; y el que trabaja (usted) a jornal (su salario) recibe su jornal (salario) en saco roto» (interpretaciones hechas por el autor). Conozco hermanos que tienen hasta tres trabajos, y no les alcanza para satisfacer sus necesidades; no tienen tiempo para congregarse porque viven de jornal en jornal, de «salario a salario» y no les es suficiente. ¿Por qué? Porque no dan sus diezmos y no son fieles a Dios, todo lo que hacen cae en saco roto, es decir, nunca prosperan, no salen adelante, nunca son bendecidos. Cambie de opinión y actitud, trabajará menos, cosechará más.

24. Diezmamos porque no deseamos ser desamparados por Dios, no queremos que nuestra descendencia, la de Kathryn, Joshua Junior, ni la de sus hijos mendigue el pan. Porque ser justo es dar los diezmos y ser injusto, sabiendo la necesidad de la obra de Dios es no darlos. Salmo 37.25: «Joven fui, y he envejecido, y no he visto justo desamparado, ni su descendencia que mendigue pan». La bendición o la maldición en la vida de sus hijos y de su descendencia está en sus manos. Sea sabio, no necio, dé sus diezmos.

25. Diezmamos porque sabemos que es Dios quien nos bendice y nos enriquece, no los hombres, de esta manera no seremos entristecidos, nunca nos será quitado lo que Dios nos haya dado. Proverbios 10.22: «La bendición de Jehová es la que enriquece, y no añade tristeza con ella».

26. Diezmamos porque esta es la manera en que Dios provee para las necesidades de los ministros en cada ministerio, y como nosotros mismos somos ministros, estamos conscientes de nuestra responsabilidad. Números 18.21: «Y he aquí que yo he dado a los hijos de Leví todos los DIEZMOS en Israel por heredad, por su MINISTERIO, por cuanto ellos SIRVEN en el MINISTERIO del tabernáculo de reunión» (mayúsculas añadidas por el autor).

27. **Diezmamos porque** el pueblo de Dios trajo en obediencia sus diezmos y ofrendas a la casa de Dios, al templo, durante la reforma de Ezequías y Dios derramó grandes bendiciones a Israel por su generosidad, nosotros deseamos hacer y recibir lo mismo. 2 Crónicas 31.5, 6 y 10: «Y cuando este edicto fue divulgado, los hijos de Israel dieron muchas primicias de grano, vino, aceite, miel, y de todos los frutos de la tierra; trajeron asimismo EN ABUNDANCIA (dieron mucho) LOS DIEZMOS de todas las cosas. También los hijos de Israel y de Judá, que habitaban en las ciudades de Judá, dieron del mismo modo, los DIEZMOS de las vacas y de las ovejas; y trajeron los DIEZMOS de lo santificado, de las cosas que habían prometido a Jehová su Dios y lo depositaron en MONTONES. Y el sumo sacerdote Azarías... contestó: Desde cuando empezamos a traer las OFRENDAS (y diezmos) a la casa de Jehová (hoy su iglesia), hemos comido y nos hemos saciado (la bendición en tus alimentos), y nos ha sobrado mucho (la prosperidad de Dios a usted), porque Jehová ha bendecido a su pueblo (Dios derramará gran lluvia de bendición a usted y su familia); y ha quedado esta abundancia (más que suficiente, hasta sobrar) de provisiones (todo lo que usted y su

familia necesita)» (mayúsculas e interpretación añadida por el autor).

28. **Diezmamos porque** así como Nehemías, el liderazgo y el pueblo de Dios hicieron un pacto con el Señor de bendecir con sus diezmos y ofrendas la casa de Dios, el templo, de igual manera nosotros lo haremos al bendecir el ministerio local por medio de nuestros diezmos y ofrendas. Nehemías 10.37-38: «Que traeríamos también las primicias de nuestras masas, y nuestras OFRENDAS, y del fruto de todo árbol, y del vino y del aceite (de todas las bendiciones que recibes), para los SACERDOTES (los ministros de hoy), a las cámaras de la casa de nuestro Dios (la iglesia de hoy), y el DIEZMO de nuestra tierra para los levitas (los pastores); y que los levitas recibirían las décimas (el diezmo) de nuestros labores en todas las ciudades: y que estaría el sacerdote hijo de Aarón con los levitas, cuando los levitas recibiesen EL DIEZMO; y que los levitas llevarían el DIEZMO del DIEZMO (los ministros y pastores también deben diezmar de todo lo que reciben) a la casa de nuestro Dios, a las cámaras del tesoro (llevar al fondo, a la tesorería de la iglesia local)» (mayúsculas e interpretación añadida por el autor).

29. **Diezmamos porque** no queremos ser desobedientes; lo que deseamos es hacer la voluntad de nuestro Señor

en cuanto a diezmos, porque sabemos que esto le agrada. Mateo 7.21: «No todo el que me dice: Señor, Señor, entrará en el reino de los cielos, sino el que hace la voluntad de mi Padre que está en los cielos».

30. Diezmamos porque sabemos que todas las bendiciones que tenemos provienen de Dios, y la manera de retribuirle, en parte, por toda su prosperidad en nuestras vidas, es entregarle nuestros diezmos. Salmo 116.12: «¿Qué pagaré a Jehová por todos sus beneficios para conmigo?» Pague con sus diezmos y ofrendas todo lo que Él hace por usted.

31. Diezmamos porque Jesús mismo dijo que es mejor dar que solamente recibir. Hechos 20.35: «En todo os he enseñado que, trabajando así, se debe ayudar a los necesitados, y recordar las palabras del Señor Jesús, que dijo: Más bienaventurado es DAR que recibir» (mayúsculas agregadas por el autor); por esto damos nuestros diezmos. «DAR», en griego es *didomi* que significa «conceder, permitir, donar, impartir, poner, ofrendar, presentar, ceder y pagar». *Didomi* implica «dar un objeto de valor, dar libremente sin ser forzado». Este pasaje de la Escritura indica que el dador adopta el carácter de Cristo, cuya naturaleza es dar. Jesús no dijo que sería más fácil dar que recibir, sino dijo que sería más bienaventurado el que da. Por eso somos más que bienaventurados, porque le damos nuestros diezmos.

32. Diezmamos porque el Señor Jesús hizo una separación en cuanto a nuestra responsabilidad secular como ciudadanos con la nación donde vivimos y nuestra responsabilidad espiritual para con Dios. Mateo 22.21 dice: «DAD, pues a César lo que es de César, y a Dios lo que es de Dios» (mayúsculas agregadas por el autor). Las cosas que pertenecen al César, es decir, al gobierno, son nuestros impuestos; entre las cosas que pertenecen a Dios están los diezmos. La humanidad tiene dos necesidades, una es el gobierno civil de los hombres, y el otro es el gobierno espiritual de Dios. Dios instituyó la manera para que ambas instituciones se sostengan, la civil mediante los impuestos y la de Dios por los diezmos. Los impuestos satisfacen las necesidades del gobierno humano, y los diezmos las necesidades espirituales del hombre; de esta manera son satisfechas todas las necesidades humanas, físicas y espirituales. Jesús dijo que se debería dar a los dos gobiernos, al de los hombres y al de Dios. La palabra «DAD» en griego es *apodidomi*, que significa literalmente «cumplir con su deber hacia el otro, dar lo que es debido, devolver, recompensar y restaurar». Por lo tanto nosotros «cumplimos» con nuestra responsabilidad ante el gobierno pagando nuestros impuestos y «cumplimos» con nuestro deber ante Dios dando nuestros diezmos.

33. Diezmamos porque Jesús habló a los escribas y fariseos sobre la importancia de los diezmos e indicó que no dejasen de hacerlo en Mateo 23.23: «¡Ay de vosotros, escribas y fariseos, hipócritas! Porque DIEZMÁIS la menta y el eneldo y el comino, y dejáis lo más importante de la ley: la justicia, la misericordia y la fe. Esto era necesario hacer (practicar la justicia, la misericordia y la fe), SIN DEJAR DE HACER AQUELLO» (mayúsculas e interpretación agregadas por el autor). ¿Aquello qué? ¡Los diezmos!

34. **Diezmamos porque** los propios fariseos eran fieles en sus diezmos, por tanto nosotros también necesitamos ser aún más. Lucas 11.42: «Mas ¡ay de vosotros, fariseos! Que diezmáis la menta, y la ruda, y toda hortaliza, y pasáis por alto la justicia y el amor de Dios. Esto os era necesario hacer (la justicia y el amor), sin dejar de hacer aquello (los diezmos)» (interpretación agregada por el autor). Aquí Jesús trataba de aprovechar la oportunidad y enseñar a sus discípulos que ellos también debían ser fieles en los diezmos.

35. **Diezmamos porque** si los escribas y fariseos, de todo lo que ellos tenían diezmaban, entonces nuestra justicia, dijo Jesús, debe ser mayor a la de ellos. Mateo 5.20: «Porque os digo que si vuestra justicia no fuere mayor que la de los escribas y fariseos, no entrareis en el reino de Dios». Si ellos daban sus diezmos, mucho más nosotros tendremos que ser fieles a Dios en lo mismo.

36. Diezmamos porque los apóstoles y cristianos de la iglesia primitiva lo hicieron, de acuerdo con lo que Lucas escribió en Hechos 2.45: «Y vendían sus propiedades y sus bienes, y lo repartían a todos según la necesidad de cada uno». Algunos teólogos afirman que la manera en que ellos repartían era dando el diezmo de la venta de sus bienes a la iglesia para que entonces sea repartido a los pobres. Otros teólogos afirman que no era solamente el diezmo que ellos daban, sino que ellos daban al Señor el 100% del dinero de las ventas de sus propiedades. Hechos 4.34, 35 y 37 dice: «Así que no había entre ellos ningún necesitado; porque todos los que poseían heredades, o casas, las vendían, y traían el precio de lo vendido (es decir, la totalidad de la venta, el 100% y no solamente 10% lo ponían a los pies de los apóstoles, quienes repartían a cada uno según su necesidad). Entonces José… Bernabé… tenía una heredad, la vendió y trajo el dinero (quizá el 100%, otros dicen que trajo el 10%) y lo puso a los pies de los apóstoles» (interpretaciones agregadas por el autor). Fuera el 100% que daban o el 10%, los cristianos de la iglesia primitiva daban al Señor de corazón y nosotros debemos hacer lo mismo.

37. Diezmamos porque Jesús dijo que si damos Él nos dará de regreso muchas veces más de lo que nosotros hubiéramos dado. Lucas 6.38 dice: «Dad, y se os dará; medida buena, apretada, remecida y rebosando darán en vuestro regazo». Por lo menos aquí hay cinco maneras de cómo Dios nos bendice si somos fieles en diezmos y ofrendas:

a) «*Dad* y se os dará», Él te dará de regreso.

b) «*Medida buena*», tal vez usted dio más o menos, pero Él le dará lo bueno.

c) «*Apretada*», esto es para que quepa aún más, como llenar una maleta.

d) «*Remecida*», Él la mueve, la ajusta, para que reciba mucho más.

e) «*Rebosando*», Él le dará para que sobreabunde, hasta sobrar, para que reciba muchísimo, hasta que se derrame, como una lluvia de bendición.

Para terminar el tema de la prosperidad material y los diezmos, le digo que si usted desea realmente ser bendecido, aprenda a dar sus ofrendas y diezmos. Debe ofrendar a ministerios que impactan al mundo, pero sus diezmos debe llevarlos a su congregación.

Nosotros hemos recibido cartas y correos electrónicos de nuestros sembradores, aquellos que nos ayudan mensualmente con sus ofrendas para sostener financieramente a 23 misioneros, al Instituto Teológico en India, nuestras cruzadas alrededor del mundo y todos los proyectos que tenemos. Sus escritos dicen que ellos han sido grandemente bendecidos y prosperados al ayudar a nuestro ministerio a alcanzar a las naciones para Cristo. Ellos reciben bendiciones de dos maneras, primero porque sus ofrendas son deducibles de impuestos, pues somos una organización no lucrativa y una corporación exenta de impuestos, así ellos pueden deducir sus ofrendas de los impuestos federales. Y segundo, porque ellos reciben grandes bendiciones financieras y espirituales de parte de Dios; de las dos maneras salen ganando. Sea fiel en sus diezmos y ofrendas y verá la mano de Dios moverse por la fe a su favor y prosperarle grandemente en todas las áreas de su vida.

Es mundialmente conocida la historia del fabricante de jabón, William Colgate. Él nació de una familia muy pobre y empezó a trabajar a los dieciséis años, la única cosa que él sabía hacer era jabón y velas. Una vez encontró un viejo capitán de barcos y recibió el siguiente consejo: «Sea un hombre justo, entregue su corazón a Cristo, pague al Señor y dé a Él todo lo que a Él le pertenece en cuanto a diezmos, sea honesto en la fabricación de su jabón y estoy seguro que será un hombre rico y próspero». El joven Colgate fue a Nueva York y empezó a trabajar en una fábrica de jabón, del primer dólar que él ganó, le dio el 10% al Señor, después se convirtió en socio de la fábrica, tiempo después fue su dueño. Los negocios crecieron, él dio el doble de los diezmos, después el triple, posteriormente daba la mitad de sus ganancias, de todo lo que la fábrica recibía y finalmente terminó dando todo su ingreso de dinero, el 100% al Señor, porque ya Dios lo había prosperado de gran manera. William fue fiel y justo con el Señor, su nombre está hasta hoy con nosotros en los tubos de la pasta dental, de los jabones y cientos de productos de la marca Colgate-Palmolive.

Querido hermano, haga usted lo mismo, verá que Dios será fiel y le prosperará de la misma manera, a su familia, trabajo y negocios. Sea fiel en sus diezmos y ofrendas, verá la mano de Dios moverse a su favor grandes bendiciones vendrán sobre todas las áreas de su vida.

La prosperidad ministerial y la fidelidad

Todos los ministros, sea el ministerio que estemos desarrollando, todos queremos prosperar. Si la persona y su ministerio fue llamado por Dios, tendrá que prosperar a la medida que los años pasan, de lo contrario, o Dios no le ha llamado al ministerio y esta persona se llamo a sí mismo, o Dios lo llamó pero no prospera su ministerio porque está en pecado en alguna área de su vida y esto le impide prosperar. He visto a muchos dividir iglesias, incluso llamarse a sí mismos «pastores» y nunca han prosperado porque fueron rebeldes a sus pastores, no se sujetaron a ellos. He predicado en ciudades en las que hay una congregación principal, donde empezaron desde abajo, ganaron a las personas para Cristo y discipularon; en la misma ciudad, hay congregaciones muy pequeñas que se formaron por personas que salieron de la congregación principal y algunos de estos «líderes» formaron sus propias «iglesitas» sin el respaldo, sin el llamado de Dios. Ellos no tienen ni idea de lo que es la ética ministerial y pastoral, jamás han estudiado la Palabra; la mayoría de ellos no poseen una preparación teológica adecuada para ser ministros y como no temen a Dios, dividen las congregaciones, porque no tienen capacidad, ni preparación académica, mucho menos autoridad espiritual, ni intelectual ni aprobación espiritual de los verdaderos líderes para empezar de cero; les es más fácil dividir y destruir lo que ya está hecho. Después de algunos años he regresado a predicar en la congregación principal, y permanecen las mismas «iglesitas» de la misma forma, ha pasado el tiempo, pero ellas jamás han crecido. ¿Por qué? Porque no han sido fieles a Dios ni a sus pastores, ni fueron llamados al ministerio. Ellos no conocen lo que es la fidelidad ministerial y lo que se requiere para ser prosperados. ¡Es una vergüenza!

De la misma forma he visto «evangelistas» y «cantantes» que se llamaron a sí mismos al ministerio y jamás han crecido ni prosperado. No tienen invitaciones para ministrar, no se les abren puertas nuevas, no tienen unción, no tienen poder, no tienen el respaldo de Dios, no hay evidencia de fidelidad en sus vidas, no viven vidas rectas e íntegras, y ni son miembros de iglesias locales, pues no están sujetos a ningún pastor o concilio, mucho menos dan sus diezmos y ofrendas de lo que reciben, aún ni sus impuestos estatales y federales pagan porque no lo reportan. Viven vidas desordenadas tanto con el gobierno secular como el gobierno espiritual de Dios, y así esperan «prosperar». Sus familias carecen de lo básico para «sobrevivir», porque viven en necesidad financiera todo el tiempo. ¿Por qué? Porque se llamaron a sí mismos al ministerio, dejaron sus trabajos seculares sin la aprobación de Dios y de sus líderes locales, o sencillamente no esperaron el tiempo correcto de Dios, salieron para hacer la obra de Dios y no conocen aún al Dios de la obra. No saben lo que es la fidelidad y lo que lleva consigo esta palabra para llegar a prosperar ministerialmente. ¡Es una vergüenza!

Cuando era un joven misionero de Juventud Con Una Misión (JUCUM), participé en una conferencia en la ciudad de Mayhofen, Austria, en 1983, y recibí la siguiente palabra del Señor que impactó mi vida para siempre en cuanto a la fidelidad ministerial, fue Job 8.5-7 que dice: «Sí tu de mañana buscares a Dios, y rogares al Todopoderoso (una vida de oración diaria); sí fueres limpio y recto (una vida de santidad e integridad en todas las áreas), ciertamente luego se despertará por ti (Dios abrirá puertas), y hará próspera (bendecirá) la morada (el ministerio) de tu justicia (una vida justa). Y aunque tu principio haya sido pequeño (su inicio y el mío en el ministerio), tu postrer estado (al cabo de los años) será muy grande (Dios le prosperará y bendecirá grandemente)» (interpretación hecha por el autor). Después, un misionero en Torrejón de Ardoz, en Madrid, sin saber que Dios me había dado esta Escritura en oración, me invitó a cenar en su casa y cuando abrió su Biblia me la confirmó; después de estar en España llegué a Los Ángeles, en Estados Unidos, como misionero, el día 10 de julio de 1984. Vine solamente con una maletita azul, con un corazón lleno de fe, con el llamado de Dios, y con su respaldo en mi vida. Llegué con un equipo de JUCUM para predicar en los Juegos Olímpicos, en el garaje de nuestra casa todavía conservo la maletita azul como recuerdo de la fidelidad de Dios. Esta experiencia la narro en mi segundo libro, *Heme aquí, Señor, envíame a mí*; cuando miro hacia atrás, veo que puse en práctica el pasaje de Job y Dios la cumplió fielmente desde que fui llamado al ministerio, después cuando me ordenaron como misionero de JUCUM y como ministro de las Asambleas de Dios.

Nuestro ministerio ya llegó a 112 países donde se distribuye el material impreso y audiovisual que producimos en inglés, español y portugués, éste ha bendecido a miles de cristianos; tenemos muchas invitaciones y puertas abiertas vigentes para ministrar en cruzadas, conferencias, seminarios, convenciones y campañas en cada continente. La mayoría de las cruzadas, principalmente son en Asia y África, nuestro ministerio es quien cubre los costos, invertimos miles de miles de dólares financiando las cruzadas. Fundamos y sostenemos el Instituto Teológico Josué Yrion en Manipur, India y actualmente estamos construyendo un enorme edificio que será la sede que albergará tanto a docentes como estudiantes. Ya disponemos de una oficina en cada continente y fundamos nuestra propia corporación en California. Con este libro, ya son cuatro editados que han ministrado a la gente alrededor del mundo; seguramente, mientras usted lee estas líneas, ya estoy escribiendo el quinto. Pastores y ministerios que poseen programas cristianos transmiten diariamente nuestros mensajes de predicación en estaciones de radio y televisión alrededor del mundo, recibimos muchos correos electrónicos de personas que han sido salvas, así como de cristianos que han sido edificados por estos mensajes en cada continente. Hemos regalado miles de miles de estos materiales de predicación a toda la América Latina, a ministerios y a hermanos en Cristo que no pueden comprarlos. Hemos enviado millares de ediciones de libros, videos y Biblias de manera gratuita a hermanos y amigos que están presos en Estados Unidos. Dios es nuestro testigo fiel de cómo hemos bendecido a los demás, y en cambio, Él nos ha bendecido aún más. Nuestro ministerio ha prosperado de una manera increíble en los últimos años y seguirá creciendo porque ésta es la voluntad de Dios para cualquier hombre, mujer o ministerio que ha sido llamado y respaldado por Dios. Esta es la evidencia, la bendición y prosperidad del Señor, que tanto las personas como los ministerios tengan una vida de fidelidad, rectitud, integridad y santidad en todos los aspectos de su vida personal y ministerial. Hemos trabajado muchísimo para el Señor alrededor del mundo, incansablemente, con mucho esfuerzo y dedicación; con desvelos, constantemente viajando, y hasta ahora hemos sido fieles, pues la Biblia dice que esta es la manera de crecer en el ministerio, Proverbios 13.4 afirma: «El alma del perezoso desea, y nada alcanza; mas el alma de los diligentes (verdaderos ministros) será prosperada» (interpretación agregada por el autor).

Dawson Trotman, fundador del ministerio de los «Navegadores» creía que él no tenía una gran fe, sino un gran Dios y una fe sencilla en la Biblia que estaba llena de promesas. Él se convirtió cuando era un joven de veinte años, mientras leía el evangelio de Juan; después de su conversión él oraba constantemente y pedía a Dios que lo usara para alcanzar a los perdidos. Más tarde Dios lo usó grandemente para que desafiara a los cristianos a la obra misionera. Dawson fue fiel en su llamado y ministerio, Dios lo bendijo y lo prosperó grandemente, su ministerio es hoy una gran organización internacional. Billy Graham dijo estas palabras sobre él: «Para Dawson, su Dios era muy grande y el mundo parecía pequeño. Él pudo ver el mundo conquistable para Cristo». Yo también creo, de la misma manera, que si Dios usó a Dawson, Él nos usará a usted y a mí. Debemos actuar en fe creyendo que Él hará lo demás, tomando en cuenta que nuestra fidelidad y rectitud en el llamado es fundamental para nuestra prosperidad ministerial.

Las Escrituras están llenas de promesas de prosperidad para nosotros, sus siervos y ministros. Estoy seguro que ellas hablarán profundamente a su corazón:

1. En Éxodo 23.25a Dios promete bendecir y prosperar a aquellos que le sirven: «Mas a Jehová vuestro Dios serviréis, y él bendecirá tu pan y tus aguas». Sírvale y verá la prosperidad de Dios sobre usted.

2. En 1 Crónicas 22.11 David aconseja a Salomón: «Ahora pues, hijo mío, Jehová esté contigo, y seas PROSPERADO, y edifiques casa a Jehová tu Dios, como él ha dicho de ti» (mayúsculas agregadas por el autor). Usted, ministro del Señor, edifique su ministerio, trabaje y esfuércese.

3. En 1 Crónicas 29.23 Dios cumplió en Salomón su promesa de bendición: «Y se sentó Salomón en lugar de David su padre, y fue PROSPERADO; y le obedeció todo Israel» (mayúsculas agregadas por el autor). Dios, de la misma manera, le bendecirá en su ministerio y cumplirá en usted su Palabra.

4. En Nehemías 2.20 Nehemías contesta a sus enemigos Sanbalat, Tobías y Gesem que ellos, los siervos del Señor, trabajarían fielmente y que Dios los bendeciría: «Y en respuesta les dije: El Dios de los cielos, él nos PROSPERARÁ, y nosotros sus siervos nos levantaremos y edificaremos, porque vosotros no tenéis parte ni derecho ni memoria en Jerusalén» (mayúsculas agregadas por el autor). Usted, reprenda a los enemigos del Señor, levántese, trabaje fielmente y Dios le prosperará.

5. En Isaías 48.15 Dios nos dice que Él nos llamó, nos trajo y nos puso donde estamos ahora y que Él bendecirá nuestro caminar por el ministerio: «Yo, yo hablé, y le llamé y le traje, por tanto, será PROSPERADO su camino» (mayúsculas agregadas). Dios ha confirmado su llamado y ministerio. ¡Manos a la obra!

6. En Isaías 52.13 Dios promete que nos levantará y hará crecer nuestro ministerio: «He aquí que mi siervo será PROSPERADO, será engrandecido y exaltado, y será

puesto muy en alto» (mayúsculas añadidas). Camine con sencillez y humildad, Dios le levantará grandemente.

7. En Jeremías 46.27 Dios nos promete salvación, descanso, bendiciones y seguridad: «Y tú no temas, siervo mío Jacob, ni desmayes, Israel; porque he aquí yo te salvaré de lejos, y a tu descendencia de la tierra de su cautividad. Y volverá Jacob, y descansará y será PROSPERADO, y no habrá quién lo atemorice» (mayúsculas agregadas por el autor). Tome posesión de esta Palabra por fe.

8. Daniel 6.28 dice que Dios bendijo al profeta y su ministerio durante la cautividad de Israel: «Y este Daniel PROSPERÓ durante el reinado de Darío y durante el reinado de Ciro el persa» (mayúsculas agregadas por el autor). Dios nos prosperará a través el tiempo y en todas las etapas de nuestro ministerio.

9. En Hageo 2.19 Dios promete bendición y prosperidad a sus siervos que habían regresado del exilio y que irían a reconstruir su templo: «¿No está aún la simiente en el granero? Ni la vid, ni la higuera, ni el granado, ni el árbol de olivo ha florecido todavía; mas desde este día OS BENDECIRÉ (prosperaré)» (interpretación y mayúsculas añadidas por el autor). Trabaje, gane a los perdidos para Cristo y reconstruya sus almas dañadas por el pecado.

10. En 1 Corintios 15.58 el apóstol Pablo nos advierte a seguir firmes, adelante y que deberíamos crecer y ser bendecidos en el ministerio: «así que, hermanos míos amados, estad firmes y constantes, creciendo (PROSPERANDO) en la obra del Señor siempre, sabiendo que vuestro trabajo (ministerio) en el Señor no es en vano» (interpretación agregada). Todo lo que usted haga para Dios tendrá recompensa y galardón. ¡Trabajad!

La fe que mueve la mano de Dios para la prosperidad

El Salmo 104.27, 28 deja en claro: «Todos ellos esperan en ti... abres **tu mano**, se sacian de bien» (énfasis agregado por el autor). Es por la fe que Dios le prosperará, tanto espiritualmente, en su caminar diario con Cristo, llevándolo a una madurez más profunda cada día, como también le prosperará material y económicamente desde que usted sea fiel en sus diezmos y ofrendas; de igual manera le prosperará en su llamado y ministerio. La Biblia dice que todos (usted y yo) esperemos en Él, pues de Él fluyen todas las bendiciones, Él abre su mano y todos somos bendecidos, pero si la cierra, todos pereceremos. Dios desea bendecirnos, en 3 Juan 2 dice: «Amado, yo deseo que tú seas PROSPERADO en todas las cosas, y que tengas salud, así como PROSPERA TU ALMA» (mayúsculas agregadas por el autor).

Este versículo es llave para que entendamos que la voluntad de Dios es PROSPERARNOS en todo, esto implica que primeramente Dios nos bendecirá espiritualmente en nuestra alma, después económica y materialmente, cuando seamos fieles a sus preceptos establecidos para diezmos y ofrendas, entonces nos bendecirá ministerialmente.

La promesa de Dios es PROSPERARNOS, Dios ya había prometido a Abraham en Génesis 22.17 su bendición y PROSPERIDAD: «De cierto te bendeciré (PROSPERARÉ), y multiplicaré tu descendencia como las estrellas del cielo y como la arena que está a la orilla del mar» (interpretación añadida por el autor); así como Dios lo prometió a Abraham, lo hace conmigo y con usted, pues Él es el mismo ayer, hoy, y por los siglos, Él no cambia. En el salmo 1.3 también Dios dice: «Será como árbol plantado junto a corrientes de aguas, que da su fruto en su tiempo, y su hoja no cae; y todo lo que hace PROSPERARÁ» (mayúsculas agregadas por el autor). Somos plantío de Jehová, árbol suyo, estamos plantados en Cristo y tendremos fruto en su tiempo. Debe saber siempre que es de Dios de donde provienen todas las bendiciones, sean físicas, espirituales o materiales, lo dice Deuteronomio 8.12, 14, 17 y 18: «No suceda que comas y te sacias, y edifiques buenas casas en que habites… y se enorgullezca tu corazón, y te OLVIDES de Jehová tu Dios, que te sacó de tierra de Egipto, de casa de servidumbre… y digas en tu corazón: Mi poder y la fuerza de mi mano me han traído esta riqueza. Sino acuérdate de Jehová tu Dios, porque él te da el poder para hacer las riquezas» (mayúsculas agregadas). Como cristianos y siervos de Dios reconocemos que toda bendición y prosperidad viene de Él a nuestras vidas, por más que nos esforcemos, trabajemos y seamos fieles, si Él no nos bendice, no seremos bendecidos, pero su promesa es de bendecirnos y prosperarnos. Él nos da el poder para trabajar, la salud, las invitaciones para predicar, es Él quien PROSPERA nuestras finanzas personales, nos bendice materialmente, nos provee para todas nuestras necesidades. No debemos olvidar nunca que todo viene de Él y es para Él; todo lo hemos recibido de sus manos. El Salmo 118.25b lo confirma: «Te ruego, oh Jehová, que nos haga PROSPERAR ahora» (mayúsculas añadidas).

El salmista decía: ¡Te ruego Jehová! Es Jehová, el Dios Todopoderoso que nos prospera y nos bendice; afirmamos que si amamos al pueblo de Dios, Israel, y su ciudad eterna, Jerusalén y oramos por su paz, también seremos bendecidos, pues si amamos lo que Dios ama, también seremos prosperados. El salmo 122.6 afirma: «Pedid por la paz de Jerusalén, sean PROSPERADOS los que te aman» (mayúsculas agregadas). Ame y desee lo que Dios ama, entonces será prosperado y bendecido grandemente y la mano de Dios, por fe, traerá la prosperidad divina a su vida.

Capítulo 5

La fe que trae la guía divina a su vida

«Aun allí me guiará tu mano, y me asirá tu diestra» (Salmo 139.10).

Proverbios 16.3 nos aconseja: «Encomienda a Jehová tus obras, y tus pensamientos serán afirmados» (énfasis añadido por el autor). *Encomienda* en hebreo es *galal*, que quiere decir «enrollar, rodar, y remover», en Génesis 29.3 *galal* se refiere a rodar (quitar) una piedra de la boca de un pozo. En Josué 5.9 se «rueda», se «quita» el oprobio de Egipto sobre Israel. En el versículo de Proverbios, particularmente, Salomón invita a sus lectores a «rodar o poner» sus obras al cuidado y a la GUÍA de Dios. La imagen es la de un camello que lleva una carga pesada, cuando hay que quitarla, el camello se arrodilla y se hecha de lado para que ésta ruede fuera de su lomo; de igual manera nosotros, para remover las cargas (decisiones importantes que tomamos) nos arrodillamos, pedimos la guía divina y «rodamos», nos «quitamos» de encima toda preocupación y ansiedad del peso que oprime nuestro espíritu y lo ponemos a los pies de Cristo, al postrarnos en oración. Realmente en el mundo tan confuso que estamos viviendo necesitamos la guía divina en todas las áreas de nuestra vida. La Palabra de Dios, el Espíritu Santo, el ayuno y la oración, nos guiarán a la dirección de Dios para cumplir con las responsabilidades de nuestra vida. David conocía la necesidad de ser guiado por Dios y que solamente el Señor le podía dar paz en las decisiones que él tenía que hacer, el salmo 23.2 dice: «En lugares de delicados pastos me hará descansar (del peso y de la carga), junto a aguas de reposo me pastoreará (me guiará, me enseñará, velará sobre mí)» (interpretación añadida).

La guía divina es prometida al obediente, al cristiano que sinceramente busca al Señor hasta encontrarlo. Nunca tome una decisión importante sin antes consultar a Dios, solamente Él sabe lo mejor para usted y a veces lo que parece bien a nuestros ojos no es lo que la perfecta voluntad de Dios tiene para nosotros. Recuerde la humildad del rey David cuando procuraba saber lo que Dios quería sobre sus decisiones, vea lo que él dijo en Salmos 143.10: «Enséñame a hacer tu voluntad, porque tú eres mi Dios (un Dios personal que él conocía); tu buen espíritu me GUÍE a tierra de rectitud (a tomar decisiones correctas)» (mayúsculas e interpretación hechas por el autor). David había aprendido a confiar y depender del Señor en todas las áreas de su vida, usted encontrará en las Escrituras que varias veces David consultó al Señor y buscó su guía, aún para salir en batalla contra sus enemigos; revise 1 Crónicas 14.10: «Entonces David consultó a Dios, diciendo: ¿Subiré contra los filisteos? ¿Los entregarás en mi mano? Y Jehová le dijo: Sube, porque yo los entregaré en tus manos». Las Escrituras dicen que David venció a sus enemigos bajo la dirección y la guía del Señor, esto es exactamente lo que nosotros debemos hacer ante decisiones importantes, buscar el rostro del Señor en oración y permanecer allí hasta que Él nos hable. En la misma historia de David, dice que los filisteos regresaron a pelear con él y David, humildemente, sin apoyarse en su experiencia militar de muchos años volvió a buscar la guía divina para enfrentar nuevamente los filisteos; 1 Crónicas 14.14 relata: «David volvió a consultar a Dios, y Dios le dijo: No subas tras ellos, sino rodéalos, para venir a ellos por delante de las balsameras». David buscó al Señor y Él le volvió a contestar, esta vez le dio una estrategia diferente y David volvió a vencer por medio de la guía divina que le fue proporcionada por medio de su búsqueda, para tomar la decisión correcta. David sabía que necesitaba de la guía divina contra sus enemigos, el salmo 5.8 dice: «Guíame, Jehová, en tu justicia, a causa de mis enemigos; endereza delante de mí tu camino».

Nosotros tenemos enemigos espirituales, huestes diabólicas de maldad que combaten contra nosotros y no podemos apoyarnos en nuestra propia sabiduría y experiencias pasadas, debemos saber que para cada situación Dios tiene una respuesta diferente. He aprendido en mi vida y en el ministerio que Dios no contesta de la misma manera cuando se repite una misma prueba o circunstancia. Él tiene formas diferentes que nos enseñan a crecer y madurar, una de ellas es mediante su guía divina; si nos proponemos buscarle y nos acercamos a ÉL, por fe Él nos guiará hacia la meta.

La guía en su matrimonio y familia

En Génesis 2.1 y 3 está escrito que Dios dirigió a Abram (todavía no era Abraham) y le indicó el camino que debía tomar: «Pero Jehová había dicho a Abram: VETE de tu tierra y de tu parentela, y de la casa de tu padre, a la tierra que te MOSTRARÉ. Bendeciré a los que te bendijeren, y a los que te maldijeren maldeciré; y serán benditas en ti todas las *familias* de la tierra» (mayúsculas y énfasis agregados por el autor). La palabra hebrea *familias* es *mishpachad*, que significa «una familia, un tipo, una clase, un género de gente o cosas, una especie de animales o un grupo de individuos relacionados entre sí, o sea, una tribu». El principal concepto de *mishpachad* es que la gente, los animales o las cosas que comparten parentesco forman una FAMILIA, clan o especie. De ahí que el término designe tanto a un grupo de FAMILIARES cercanos como a toda una nación. Dios sacó a Abram de Ur de los Caldeos, Mesopotamia, de la antigua Babilonia, hoy Irak; y le mostró donde debía ir. Por medio de la guía divina le enseñó el trayecto y el camino correcto para hacer de él una gran nación. Dios le dijo «*te mostraré*», lo separó de su familia idólatra para hacer de él y de sus descendientes la nación mesiánica que traería la salvación a todas las familias de la tierra. Damaris y yo somos llamados a servirle y ser de bendición a los demás; usted y su familia también son llamados a servirle y a ser de bendición donde quiera que estén. Dios ha reapartado a nuestras familias para servirle, incluidos nuestros descendientes.

En el salmo 31.3 David pide la dirección divina para su vida: «Porque tu eres mi roca y mi castillo; por tu nombre me GUIARÁS y me encaminarás» (mayúsculas agregadas por el autor). Cuando hacemos del Señor nuestra roca, nuestro lugar seguro, firme fundamento, nuestro castillo y fortaleza, Él nos guiará en todo lo que tenemos que hacer y las decisiones que tenemos que tomar. El Salmo 108.10 nos dice: «¿Quién me GUIARÁ a la ciudad fortificada?» (mayúsculas agregadas por el autor). Sólo Dios nos puede guiar para que nuestra familia esté fortificada, establecida y cimentada en Él y en su Palabra. Dios nos hará entender por medio de Su guía el valor del tiempo y cómo aprovecharlo como familia y disfrutarlo de la mejor manera. Usted sabe que vivimos en un mundo determinado por el tiempo: 60 segundos en un minuto, 60 minutos en una hora, 24 horas un día, siete días en una semana, 30 días en un mes, 365 días en un año; no importa lo que hagamos, no podemos huir de la influencia del tiempo. Con frecuencia podemos presumir que el tiempo está de nuestro lado, pero la mayoría de veces no es así. Lea los siguientes mensajes inspiradores que le ofrecerán otra perspectiva sobre el tiempo en nuestras vidas y de cómo necesitamos la guía divina del Señor:

1. Para conocer el valor de un año: pregunte a un estudiante que no aprobó el ciclo escolar.

2. Para conocer el valor de un mes: pregunte a una madre que dio a luz a un bebé prematuro.

3. Para conocer el valor de una semana: pregunte al editor de un periódico semanal.

4. Para conocer el valor de un día: pregunte al padre trabajador que tiene diez hijos que alimentar.

5. Para conocer el valor de una hora: pregunte a los enamorados que esperan ansiosos en encontrarse.

6. Para conocer el valor de un minuto: pregunte a una persona que perdió el autobús, el tren o el avión que le llevaría a un destino importante.

7. Para conocer el valor de un segundo: pregunte al sobreviviente de un accidente automovilístico.

8. Para conocer el valor de una milésima de segundo: pregunte al atleta que obtuvo la medalla de plata por terminar en segundo lugar en los juegos olímpicos.

Imagine que exista un banco que cada mañana acredite a su cuenta la suma de 86.400 dólares; esta cuenta no arrastra el saldo al siguiente día, cada noche borra cualquier cantidad del saldo que usó durante el día. ¿Qué haría? ¡Por supuesto retiraría hasta el último centavo! Cada uno de nosotros tenemos cuenta en ese banco, su nombre es TIEMPO.

Cada noche, este banco le acredita a usted 86.400 segundos, al terminar el día el banco borra y da como pérdida cualquier cantidad del crédito que no se invirtió de manera sabia. Este banco no arrastra saldos al próximo día, ni permite que sea acreditado más de la cantidad establecida de antemano. Cada día el banco le abre una nueva cuenta para ser usada solamente en ese día; si no se usa el depósito del día, la pérdida es suya; no puede dar marcha atrás. Usted debe vivir en el presente con los depósitos de hoy, solamente, por tanto debe invertir de tal manera que consiga lo mejor para su vida, su salud, familia, trabajo y ministerio. El reloj sigue su marcha, él no parará. Haga con ese depósito lo mejor para usted.

Siendo cristianos y siervos del Señor debemos entender las virtudes del tiempo y aprovechar toda oportunidad. El tiempo no puede ser ahorrado y una vez perdido, no puede ser recuperado, tampoco podemos comprar tiempo adicional. Cada uno de nosotros tenemos 24 horas al día para vivir, cualquier persona, en cualquier cultura, en cualquier continente en que se encuentre; todos tenemos un número finito de días para vivir en esta tierra, por ello necesitamos ser administradores cuidadosos del tiempo que tenemos disponible. Ya el apóstol Pablo nos advertía en Efesios 5.15 y 16: «Mirad, pues, con diligencia cómo andéis, no como necios sino como sabios, aprovechando bien el tiempo, porque los días son malos». Tome este consejo, invierta su tiempo sabiamente y pida la guía divina en todo lo que tenga que hacer, Dios le encaminará siempre a lo correcto.

El Reverendo, Dr. Martin Luther King, ganador del Premio Nobel de la Paz, dijo en cierta ocasión: «No conozco muy bien el camino por donde voy, pero sí conozco muy bien a Aquel que conoce el camino». No debemos ser como los impíos que no conocen los caminos de Dios, ya la Biblia lo advierte en Isaías 55.8 y 9: «Porque mis pensamientos no son vuestros pensamientos, ni vuestros caminos MIS CAMINOS, dijo Jehová. Como son más altos los cielos que la tierra, así son MIS CAMINOS, más altos que vuestros caminos» (mayúsculas incorporadas por el autor). Por esta razón Dios envió a Cristo, para reconciliarnos con el Padre y hacernos volver al camino correcto, Isaías 53.6 lo afirma: «Todos nosotros nos descarriamos como ovejas, cada cual se apartó por su camino; mas Jehová cargó en él el pecado de todos nosotros».

Como familias cristianas que somos, necesitamos ser guiados por la mano divina, hacia el camino que debemos seguir y hacer elecciones sabias e inteligentes para nosotros, para nuestro matrimonio y también para nuestros hijos. El salmo 27.11 afirma: «Enséñame, oh Jehová, tu camino, y GUÍAME por senda de rectitud» (mayúsculas agregadas por el autor). Los solteros y casados, todos tienen decisiones qué tomar: ¿Con quién casarse?, ¿Dónde vivir?, ¿Qué casa adquirir?, ¿Cuál carro comprar?, ¿Qué carrera profesional elegir?, ¿Es usted llamado al ministerio?, ¿A cuál congregación asistir?, ¿Dónde estudiar?, ¿Qué amigos tener?, ¿Qué trabajo solicitar? Estas son preguntas diarias de miles de familias cristianas que necesitan la guía divina en sus vidas. El salmo 37.5 aclara: «Encomienda (entrega) a Jehová tu camino, y confía en él; y él hará» (interpretación hecha por el autor). Solamente el Señor sabe lo que es mejor para nosotros, por eso tenemos la necesidad de buscarle y conocer su perfecta voluntad para nosotros.

Como padres de familia tenemos la responsabilidad de tomar decisiones sabias y correctas junto con nuestras esposas, pues las Escrituras dicen que si el hombre conoce a su Dios Él le guiara. Lea en el salmo 25.12 lo que dice sobre esto: «¿Quién es el hombre que teme a Jehová? Él le enseñará el CAMINO que ha de escoger» (mayúsculas agregadas por el autor). ¡Aquí está la promesa!, es suya y mía. En oración podremos descubrir su guía y no tendremos temor de vivir de una manera equivocada. Por la fe Él nos guiará, está escrito en Isaías 30.21: «Entonces tus oídos oirán a tus espaldas palabra que diga: Este ES EL CAMINO, andad por él; y no echéis a la mano derecha, ni torzáis a la mano izquierda» (mayúsculas añadidas por el autor); claramente dice: «¡Este ES el camino!» No dice: «a lo mejor lo es, quién sabe, tal vez, ni podrá ser», dice: «¡ES!» Esta es la confianza que tenemos en Él, que nos guiará en su camino, cuando le obedezcamos y le sirvamos.

Como familias cristianas que somos, sabemos que sus caminos son santos, y que toda decisión que tomemos y camino que escojamos no afectará nuestras vidas ni estará contra sus principios de pureza; Isaías 35.8 y 9 deja en claro: «Y habrá allí calzada y CAMINO, y será llamado Camino de Santidad; no pasará inmundo por él, sino que él mismo estará con ellos; el que anduviere en este CAMINO por torpe que sea, no se extraviará. No habrá allí león, ni fiera (obstáculos) subirá por él, ni allí se hallará, para que CAMINEN los redimidos (su familia y la mía)» (mayúsculas e interpretación agregadas por el autor). Todo lo que hacemos, las elecciones que tomamos y nuestros caminos deben ser rectos, íntegros y santos; de esta manera Él nos bendecirá en todo lo que hagamos, para su honra y su gloria. Por la fe en Él y en su Palabra, su Espíritu nos guiará correctamente por el camino que debemos seguir.

La guía en su trabajo secular

Proverbios 3.6 indica: «Reconócelo en todos tus caminos, y él *enderezará* tus veredas» (énfasis hecho por el autor). La palabra *enderezará* en hebreo es *yashar*, «estar derecho, enderezado, agradable y bueno». En este versículo, *yashar* significa que Dios «enderezará» la senda de sus hijos, de este verbo viene el sustantivo *yosher*, que quiere decir «rectitud». En Isaías 45.2 la promesa divina a Ciro fue que los lugares torcidos serían enderezados. El Señor le dará el trabajo que usted necesita, pues Él conoce sus necesidades; busque el centro de la voluntad de Dios en oración y dígale al Señor en qué le gustaría trabajar. Hay muchos trabajos donde el creyente puede trabajar y testificar al mismo tiempo. A continuación se enlista una serie de actividades profesionales en las que he observado hay muchos creyentes.

¿Cuál es la GUÍA DIVINA para usted? ¿Será que es en algún trabajo de estos?: hay abogados cristianos, jueces, enfermeros, médicos, dentistas, cirujanos, ingenieros, científicos, secretarias, motoristas, senadores, legisladores, alcaldes, gobernadores, jefes de estado, ministros de defensa, presidentes, primeros ministros, embajadores, cónsules, militares, aeronautas, pilotos comerciales, astronautas, empresarios, profesores de todos los niveles escolares, cocineros, locutores, meseros, animadores de televisión, lavanderos, fabricantes de medicinas, trabajadores de la industria hotelera, de la moda, de la limpieza, de la construcción, de la cinematografía, de las editoriales, de alimentos y bebidas, jugueteros, zapateros, perfumeros, madereros, importadores, exportadores, traductores, granjeros, escritores, publicistas, pintores, trabajadores sociales, carpinteros, técnicos, e incluso de oficios como especialistas en arreglo de techos, alfombras, trabajadores de hospitales, policías, bomberos, guardias de tránsito, soldadores, periodistas, especialistas en cultura física y recreación, estilistas, cajeros, administradores, contadores públicos, músicos, cantantes, artistas, trabajadores de la agencia de correos, fotógrafos, trabajadores en los parques de diversión, recepcionistas, mayordomos, mecánicos, joyeros, choferes (de servicio público, privado, vehículos de carga, etc.), especialistas en computadoras, sastres, agentes de bienes y raíces, de inmigración, aduaneros, agentes de seguridad, del servicio secreto, de las fuerzas armadas y de inteligencia, guardaespaldas, sobrecargos, maquinistas; fabricantes de autos, barcos, trenes, bicicletas, teléfonos, celulares; telefonistas, electricistas, vendedores, pescadores, lavadores de automóviles, albañiles, banqueros, plomeros, agricultores, ganaderos, costureras, cultivador de jardines, jardineros, instaladores de aparatos electrodomésticos, comerciantes, superintendentes, capitanes de barcos, supervisores de escuelas, ejecutivos y presidentes de empresas, cobradores de impuestos; empleados de supermercado, de tiendas de departamentos, gasolineras, florerías, panaderías, zapaterías, etc. También hay muchos cristianos que practican profesionalmente algún deporte, ¿cuál es la perfecta voluntad de Dios para usted y a qué le está guiando en relación con su trabajo? Dios tiene a su pueblo esparcido en los trabajos antes descritos y en muchos más que no mencioné. Refiriéndose a los trabajos seculares, el apóstol Pablo dijo en 1 Tesalonicenses 4.11: «Y ocuparos en vuestros negocios, y trabajad con vuestras manos de la manera que os hemos mandado».

Continuando con Isaías 45.2 y 3, la promesa de Dios a Ciro fue que Él le abriría las puertas e iría delante para bendecirle: «Así dice Jehová a su ungido, a Ciro, al cual tomé yo por su mano derecha… para abrirle delante de él las puertas, y las puertas no se cerrarán… Yo iré delante de ti, y enderezaré los lugares torcidos; quebrantaré puertas de bronce, y cerrojos de hierro haré pedazos». Dios abrirá las puertas que usted necesita para su trabajo, no se cerrarán, pues el Señor cumplirá su Palabra, removerá personas que le son de estorbo, así como toda oposición; pondrá personas para ayudarle y le aprobará su entrevista de trabajo, enderezará todo lo que está mal para que usted consiga el trabajo que anhela. Dios hará pedazos de toda resistencia que se levante contra lo que Él ya ha establecido para usted y quebrantará cualquier circunstancia que se oponga a sus propósitos divinos para su vida; si Él le quiere en algún trabajo, no habrá fuerza contraria que se interponga a lo que Dios quiera, podrán pelear contra usted, pero no le vencerán; podrán tenerle envidia, pero Dios peleará por usted, desde que le sirva con entrega y dedicación. Muchos hermanos están orando, buscando y esperando un trabajo adecuado, ¿es usted uno de ellos? Dios le abrirá las puertas y le dará lo que usted necesita.

Luciano Pavarotti, el famoso tenor italiano contó su historia en relación con su trabajo y la elección que tuvo que hacer: «Cuando yo era un chico muy joven, mi padre, un sencillo panadero, me ayudó a dar los primeros pasos en dirección al maravilloso mundo de la música. Me incentivó a trabajar muy duro para educar mi voz, Arrigo Pola, un tenor profesional de Modena, mi ciudad natal, me recibió como su alumno. También frecuenté una academia de profesores y cuando concluí el curso le pregunté a mi padre: ¿debo ser cantante o profesor? La respuesta fue: Luciano, si intentas sentarte en dos sillas al mismo tiempo, caerás entre ellas; debes escoger una sola silla. Entonces escogí cantar; fueron siete años de estudio y de frustración antes de que hiciera mi primera aparición profesional. Pasaron otros siete años antes de que llegara a la Ópera Metropolitana, fue ahí donde obtuve mi triunfo profesional como tenor». Lo mismo que Pavarotti, usted tendrá que hacer la elección, la diferencia es que usted es creyente, por lo que el Señor le guiará en el trabajo que Él tiene para usted.

Usted debe orar como David en el salmo 25.4 y 9: «Muéstrame, oh Jehová tus caminos; enséñame tus sendas... Encaminará a los humildes por el juicio (camino), y enseñará a los mansos su CARRERA» (interpretación y mayúsculas agregadas por el autor). Dios le mostrará y le guiará, si le busca con humildad, le llevará a escoger la ACTIVIDAD PROFESIONAL que está en su corazón y le pondrá el deseo y su misma voluntad en el corazón de usted. Él le encaminará en lo que debe estudiar o trabajar, el salmo 73.24 lo garantiza: «Me has guiado según tu consejo». Deje que el Espíritu de Dios le guíe y que su consejo sea real en su vida, porque sólo Él sabe lo que es mejor para usted. Quizá ahora no pueda identificar la razón por la cual Él le cambió o le dio este trabajo, pero lo sabrá más adelante, porque sólo Él conoce su futuro profesional. Podrá pedir ideas, opiniones y consejos de gente cercana, que le ayudarán a tomar la decisión correcta, pero deje que solamente Dios le guíe y tenga la última Palabra sobre usted; en Deuteronomio 32.12 dice: «Jehová solo le guió». Haga el propósito de oír su voz en oración y Él, por fe, le guiará divinamente al trabajo secular que tenga que escoger y permanecer.

La guía en su llamado y ministerio

En Isaías 48.17 Dios promete que Él nos guiaría en relación con el llamado y ministerio correcto en nuestras vidas: «Así ha dicho Jehová, Redentor tuyo, el Santo de Israel: Yo soy Jehová Dios tuyo, que te *enseña* provechosamente, que te encamina por el camino que debes seguir» (énfasis hecho por el autor). *Enseña*, en hebreo es *lamad*, significa «instruir, entrenar, punzar, estimular y hacer que alguien aprenda». El aprendizaje se logra mediante una variedad de estímulos, mediante eventos, técnicas y lecciones inolvidables. De *lamad* viene *talmid* y *melammed*, así como *Talmud* que respectivamente quieren decir «erudito, estudiante y libro del aprendizaje rabínico». Es Dios quien le instruirá, entrenará y guiará a la carrera ministerial correcta. He visto cómo algunos ministros se equivocaron de ministerio y después sufrieron las consecuencias desastrosas de no haber buscado el centro de su voluntad. Hay evangelistas que se volvieron pastores para tener seguridad financiera y terminaron pastoreando iglesias muertas; hay pastores que han incursionado en el ministerio evangelista sin la preparación necesaria, ni el carácter itinerante que se necesita y terminaron de la misma manera: misioneros que cambiaron su llamado por estabilidad económica y terminaron de la misma forma. Si usted se equivoca en su llamado, se equivocará en todas las demás cosas; Dios tiene un lugar para usted en su viña. Ore y espere en Él, le contestará y le guiará, como lo promete en Isaías 45.13: «Yo lo desperté en justicia, y enderezaré todos sus caminos; y él edificará mi ciudad». Es Dios quien le «despertó», lo «llamó», es Dios quien le «enderezará, encaminará» y quien hará que usted «edifique el ministerio» que le tiene preparado. Todo lo que tiene que hacer es buscar su dirección correcta en su vida ministerial.

En el segundo libro que escribí, *Heme aquí, Señor, envíame a mí*, relato mi llamado y la experiencia de su guía a mi vida, paso a paso, y de qué manera Él me guió en todas las etapas de mi vida ministerial. Dios hará lo mismo con usted. Cuando yo era muy joven, Dios me impresionó con un versículo en Jueces 6.14 que marcó mi llamado a las misiones: «Y mirándole Jehová, le dijo: Ve con esta tu fuerza, y salvarás a Israel de la mano de los madianitas. ¿No te envío yo?» Fue Dios quien me llamó y envió a JUCUM en Belo Horizonte, Brasil; fue Dios que me envió a JUCUM en Madrid, España; y fue Dios quien me trajo a Estados Unidos, también fue Él quien me envió a las naciones alrededor del mundo en todos los continentes para predicar su Palabra… ¡es Dios!

En 1920 había una organización misionera que estaba seleccionando candidatos para las misiones, cierto día se presentó con la Directora un candidato joven, llamado Oswald Smith. Un gran sueño dominaba profundamente su corazón, pues él quería ser misionero, muchas veces oró al Señor, «Yo quiero ser un misionero y quiero ser enviado al campo a tu servicio, Señor abre una puerta para mí». Allí estaba él, delante de aquellos hombres, y pensaba que finalmente su oración sería respondida. Una vez concluidos sus exámenes, el comité le envió la decepcionante noticia que no había sido aceptado; la organización no había encontrado en él las calificaciones necesarias para ser aceptado como misionero. El joven Smith había trazado una dirección a su vida, pero ahora estaba delante de una encrucijada, se preguntó a sí mismo qué hacer y entonces oró al Señor; Dios le contestó plantando una idea en su corazón. Como él ya no sería misionero, Dios le dijo que él debía construir un templo, pues esa congregación enviaría hombres y mujeres al campo misionero. Fue exactamente lo que hizo, fundó y pastoreó la Iglesia del Pueblo, en Toronto, Canadá, la mundialmente conocida The People's Church; Oswald Smith envió mas misioneros en su tiempo que cualquier otro ministerio en todo el mundo. Él se puso a la disposición de la voluntad de Dios, y cuando el Señor cerró una puerta, por otro lado le abrió y LE GUIÓ a una puerta aún más grande y mejor donde muchísimos países fueron bendecidos al recibir a los misioneros de Smith alrededor del mundo. Este gran hombre de Dios escribió el extraordinario libro *Pasión por las almas*, que leí cuando era joven y edificó grandemente mi vida. El Reverendo, Dr. Oswald Smith dedicó su vida a la formación de misioneros y enviarlos al campo; fue un gran ejemplo de fe, pues pudo haberse desanimado cuando se cerró la puerta que él quería, pero al contrario, descubrió que hizo mucho más al entrenar miles de personas para la tarea misionera mundial.

Usted haga lo mismo, cuando Dios le cierre una puerta, no desespere, solamente ore y espere en Él, pues abrirá otra mucho mejor. Cuando yo estaba en JUCUM de Brasil, oré y creí que Dios me guiaría a servirlo en Inglaterra, después Dios me hizo saber que Su perfecta voluntad no era allí pero sí lo era España, me fui con la aprobación del liderazgo nacional, allá aprendí español e inglés, Dios me preparó específicamente para el ministerio hispano que yo desarrollaría en el futuro; después abrió las puertas mundiales con el pueblo hispano y me dio una hermosa esposa que es «CUBANA, chico…» La Biblia nos dice en Juan 16.13: «Pero cuando venga el Espíritu de verdad, él os GUIARÁ… y os hará saber las cosas que habrán de venir». El Espíritu le guiará, no habrá error, no tiene que preocuparse por mañana ni por su futuro ministerial. Todo está en las manos de Dios, Él le hará saber lo que sucederá, sólo Él conoce lo que acontecerá en los años venideros, sólo Él conoce su corazón, su pasión, entrega y dedicación a Él. El salmo 25.14 dice que si usted le busca y ora, Él le contestará: «La comunión íntima de Jehová es con los que le temen, y a ellos (a usted y a mí) hará conocer (guiar) su pacto (su perfecta voluntad ministerial)». He aprendido a lo largo de los años que cuando Dios, en su divina guía, cierra una puerta para ir a algún país en que se tiene programada una cruzada, se cancela una invitación para acudir a alguna congregación, es que sencillamente Dios no me quiere allí, no es el tiempo correcto para ir o fue el hombre quien nos invitó más no de parte de Dios o bien el diablo nos haría daño en alguna nación, simplemente era nuestro deseo de ir, mas no el de Dios… Hay varias razones porque las puertas se cierran, como sucedió con Oswald Smith; los propósitos de Dios no son los nuestros. En Isaías 42.16 el Señor habla a los «ciegos espirituales» que no han entendido todavía cuál es su perfecta voluntad y no han discernido el tiempo correcto para determinadas decisiones ministeriales: «Y GUIARÉ a los ciegos por camino que no sabían, les haré andar (les guiaré) por sendas que no habían conocido; delante de ellos cambiaré las tinieblas en luz, y lo escabroso en llanura. Estas cosas les haré, y no los desampararé» (mayúsculas e interpretación agregadas por el autor). Pida a Dios que abra su entendimiento para conocer dónde es que Él quiere usarlo, ya que tiene un lugar en su obra para cada persona que desea servirlo, a nivel local, nacional o mundial. Ore y espere en Él y Él hará.

La fe que mueve la mano de Dios para guiar

El salmo 139.10 afirma: «Aun allí me guiará *tu mano*, y me asirá tu diestra» (énfasis hecho por el autor). La mano de Dios y su guía divina en nuestras vidas es una gran necesidad, tanto para nuestro matrimonio y familia, como para el trabajo secular, llamado y ministerio. Por fe debemos pedir en oración que Él nos sostenga con su mano y nos guíe a tomar las decisiones correctas en todas las áreas de nuestra vida. El salmo 32.8 lo confirma: «Te haré entender, y te *enseñaré* el camino en que debes andar; sobre ti fijaré mis ojos» (énfasis añadido por el autor); la palabra «enseñaré» en hebreo es *yarah*, que quiere decir «instruir, dirigir, señalar, lanzar, apuntar, disparar, arrojar directamente». El significado primario de *yarah* es «disparar directamente o dirigir el flujo de algo», Dios dice claramente que Él es quien le hará entender lo que es mejor para usted. Él es quien le enseñará el camino, su perfecta voluntad; quien le dirigirá, fijando Sus ojos sobre usted. Él le dará instrucciones sabias y le señalará directamente lo que usted debe escoger, y que será lo mejor para su vida. Nunca se mueva si Dios no le habla, recuerde que Israel se movía solamente cuando la columna de nube o fuego se desplazaba y NO se movía si la columna de nube o fuego NO lo hacía; de igual manera, Israel NO se movía si la columna de fuego NO se movía; está escrito en Éxodo 13.21: «Y Jehová iba delante de ellos de día en una columna de nube para GUIARLOS por el camino, y de noche en una columna de fuego para alumbrarles, a fin de que anduviesen de día y de noche». Si Dios le habla, entonces muévase y hágalo, si Dios no le habla, no se mueva, no lo haga. Espere en Él. Ya sabe el problema que se metió Abraham por no esperar el hijo que Dios había prometido que nacería de Sara. Mire el problema que hay en el Medio Oriente por la desobediencia de Abraham y la consecuencia que trajo su relación con Agar ¡Qué problema! La desobediencia tiene sus consecuencias. En Deuteronomio 8.2 Dios recuerda a Israel que fue Él quien los guió por el desierto: «Y te acordarás de todo el camino por donde te ha traído (GUIADO) Jehová tu Dios estos cuarenta años en el desierto» (interpretación hecha por el autor). Deje que Dios le guíe por todo el camino que usted tendrá que andar durante su vida.

El día 27 de abril de 1988, el cielo se veía completamente azul, faltaban treinta minutos para que el avión, lleno de pasajeros, llegara a su destino final, la isla de Maui en Hawai; de pronto se escuchó un ruido muy fuerte, a dos mil metros de altura, la parte superior de la cabina se desprendió, por causa del desgaste del metal. Algunos pasajeros pensaron que sus vidas terminarían allí, otros, entre gritos clamaron a Dios, un Dios que ellos no conocían. Pero sucedió un milagro, el piloto consiguió aterrizar el avión sin dificultad, felices, los pasajeros se abrazaban y lloraban de alegría, gritaban de júbilo. «Tuvimos mucha suerte, decía la mayoría de los pasajeros», sin embargo, el piloto, declaró a los medios de comunicación mundiales: «FUE LA MANO DE DIOS QUE GUIÓ EL AVIÓN».

Si no fuera por la intervención divina y el milagro que aconteció, estas personas no hubieran sobrevivido, fue «la mano de Dios» que les guió y los llevó con seguridad a su destino. Deje que la mano de Dios le guíe en todas las áreas de su vida y verá milagros suceder, pues Él sabe lo que es mejor para usted, su matrimonio y su familia, su trabajo secular, su llamado y su ministerio.

Hace tiempo prediqué sobre la dirección de Dios, su guía y su voluntad, está grabado en DVD y se titula *¿Cómo conocer la guía Divina en nuestras vidas?*

También necesitamos la guía divina por medio de su Espíritu en el área espiritual, para madurar cada día, las Escrituras nos dicen en Romanos 8.14: «Porque todos los que son GUIADOS por el Espíritu de Dios, éstos (usted y yo) son hijos de Dios» (mayúsculas e interpretación agregadas por el autor). Al crecer en la fe, podremos discernir mejor las oportunidades que se nos presentan. En una ocasión el Dr. Billy Graham se refirió a su suegro, el Dr. L. Nelson Bell, quien escribió: «Solamente aquellos que están preparados para morir están realmente preparados para vivir». ¡Así es!, en su fidelidad, Él nos guiará para alcanzar a la vida eterna, el salmo 139.24b afirma: «y GUÍAME en el camino eterno» (mayúsculas añadidas por el autor). Al término de nuestra jornada en este planeta el Dios Todopoderoso estará con nosotros, el salmo 48.14 concluye: «Porque este Dios, es Dios nuestro eternamente y para siempre; él nos GUIARÁ aun más allá de la muerte» (mayúsculas añadidas por el autor). ¡Aleluya!

Capítulo 6

La fe que trae la fortaleza divina a su vida

«En tu mano está la fortaleza y el poder,
y en tu mano el hacer grande
y el dar poder a todos»
(1 Crónicas 29.12).

En Colosenses 1.11 Pablo dice: «*Fortalecidos* con todo poder, conforme a la potencia de su gloria, para con toda paciencia y longanimidad» (énfasis hecho por el autor). La palabra *fortalecidos*, en griego, es *dunamoo* que significa «hacer fuerte, confirmar y capacitar»; existe toda una familia de palabras que expresan el *duna-poder* y son: *dunamai* que es igual a «poder y hacer»; *dunamis*, «poder», usualmente sobrenatural; *dunamoo*, «fortalecer»; *dunastes*, «soberano, el que gobierna»; *dunateo*, «ser poderoso» y *dunatos*, que también es «poderoso». Las palabras «dinastía, dinámico y dinamita» son comparadas a estos vocablos griegos. El apóstol nos indica que debemos ser «fortalecidos» en Cristo y por tanto debemos hacernos «fuertes» en Cristo; estar «confirmados» en Cristo; «capacitados» por Cristo; debemos recibir el «poder sobrenatural» de Cristo, y debemos ser «poderosos» en la Palabra de Cristo. Es la fortaleza de su poder la que nos ayuda a seguir adelante en nuestra vida espiritual, física, y ministerial.

Benjamín Franklin, uno de los padres y fundadores de la nación norteamericana, además de ser uno de los autores de la constitución de Estados Unidos, dijo cierta vez: «La frase que más influenció mi vida fue saber que algunas personas murmuran porque Dios puso espinos en el medio de las rosas, mas, ¿por qué no agradecer a Dios por haber puesto las rosas en el medio de los espinos?» Lo que dijo Franklin es una manera de ver las cosas diferentes de aquellos que son pesimistas y que en todo ven defecto y desesperación. Es una forma de ver la vida con optimismo, y vivir mirando con ojos positivos que aún en el medio de la adversidad podemos ser fortalecidos por el poder de Dios en nuestras vidas. En las manos de Dios reside el poder, la fortaleza y la ayuda que nosotros necesitamos, la podemos obtener por la fe, por medio de una confianza fundada en su Palabra por su Espíritu. Su poder es suficiente para llevarnos a vivir una vida llena de fortaleza para enfrentar cualquier circunstancia que se nos presente.

La fortaleza a nuestro espíritu y alma

Todos necesitamos fortaleza en nuestro diario vivir. Algunas veces la necesitamos más que otras, ya que las pruebas que enfrentamos son capaces de causarnos daño y abatir nuestra alma con el desánimo, afectando nuestro espíritu con decaimiento. Considere la experiencia del joven Brian Hise en un día no muy bueno que tuvo:

> Sus problemas empezaron cuando su apartamento se inundó a causa de una tubería rota en el apartamento ubicado arriba del suyo. Mientras se dirigía a su carro para ir a la tienda y alquilar una aspiradora de agua, se dio cuenta que tenía un neumático bajo, completamente sin aire; lo cambió y regresó para llamar a un amigo y pedirle ayuda, pero al hacerlo recibió una descarga eléctrica, a causa del teléfono que estaba conectado a tierra. La reacción de la descarga hizo que se desprendiera el aparato telefónico de la pared y se quedó sin teléfono. Mientras tanto, la puerta del apartamento se había inflamado tanto por el agua que ya no se podía abrir; un vecino trató de arreglarla, pero acabó rompiendo las bisagras y la puerta se cayó. Brian se dirigió al estacionamiento y descubrió que un ladrón había robado su automóvil, sin embargo el delincuente se quedó sin gasolina y abandonó el automóvil a pocas cuadras, por lo que Brian pudo recuperarlo y lo empujó hasta la gasolinera para llenar el tanque. Aquella misma tarde fue a una ceremonia militar en la universidad a la que asistía, al finalizar, alguien

dejó una bayoneta en el asiento de su carro, y adivine qué… Brian se sentó en ella…

Creo que usted estará de acuerdo conmigo que hay días que es bueno no salir de la cama. ¿Puede usted imaginar el peso de la carga de Brian y cómo su alma se sentía en esos momentos en que todo iba mal? ¿Puede sentir cuánta angustia y abatimiento tuvo al terminar un día tan desastroso, sentado en su carro sin poder creer todo lo que le había sucedido? ¡Cuánto necesitaba Brian de la fortaleza del Señor en esos momentos!

Tal vez usted esté pasando por una situación difícil, no tan similar a la de Brian, pero igual de angustiadora y dolorosa; el salmo 28.7 y 8 nos aconseja buscar ayuda en el Señor en los momentos de tristeza: «Jehová es mi FORTALEZA y mi escudo; en él confió mi corazón, y fui AYUDADO… Jehová es la FORTALEZA de su pueblo y el refugio salvador de su ungido» (mayúsculas agregadas por el autor). No importa por lo que usted esté pasando en estos momentos, el Señor es la fortaleza de su vida, Él es el escudo que le protegerá, su refugio y la ayuda que necesita; es por usted, su ungido, que Él moverá su mano, por medio de la fe, para ayudarle, para sostener su alma y espíritu en todas las pruebas que experimente. Dios no tardará en socorrerle, pues el salmo 46.1 promete: «Dios es nuestro amparo y FORTALEZA, nuestro pronto auxilio en las tribulaciones» (mayúsculas añadidas por el autor). Es ahora cuando Él le sostendrá, fortalecerá su alma y espíritu, le llevará a la victoria; crea en su Palabra y verá que la mano de Dios se moverá a su favor. Muchas veces Dios permite las pruebas para fortalecer a nuestro hombre interior y madurarlo. Cierta vez, el famoso misionero en China, el Reverendo Hudson Taylor, mientras predicaba un sermón llenó un vaso con agua y lo colocó sobre una mesita al lado del púlpito; mientras hablaba, golpeaba con el puño lo suficientemente fuerte como para que el agua salpicara la mesa. Luego explicó a la congregación: «Ustedes se van a tener que enfrentar a muchos problemas, pruebas y tribulaciones, pero recuerden que sólo va a salir a flote lo que tengan dentro de vuestra alma y de vuestro espíritu». ¡Exactamente! Estoy absolutamente de acuerdo con Taylor, en las pruebas se revela nuestro verdadero carácter y lo que traemos dentro; la boca hablará de lo que el corazón esté lleno. Podremos tener la certeza de que en el momento de la lucha Él estará con nosotros y nos salvará, no tenemos razón para temer porque Él nos ayudará, como lo dice Isaías 12.2: «He aquí Dios es salvación mía; me aseguraré y no temeré; porque mi FORTALEZA y mi canción es JAH (la forma abreviada del nombre hebreo de Jehová que es YAH) Jehová, quien ha sido salvación para mí» (explicación y mayúsculas agregadas por el autor). ¡Bendito sea su nombre! ¡Él es nuestra fortaleza y salvación!

La fortaleza a nuestro cuerpo

Malaquías 4.2 nos dice: «Mas a vosotros los que teméis mi nombre, nacerá el Sol de justicia, y en sus alas traerá *salvación*» (énfasis hecho por el autor). La palabra hebrea *salvación* es *marpe* que quiere decir «restauración de la salud, remedio, cura, medicina, tranquilidad y liberación». *Marpe* aparece trece veces y proviene del verbo *rapha* que como sabemos significa «sanar, curar o reparar». La salvación es el rescate divino de toda persona y la sanidad es la reparación del ser humano, como lo expresa acertadamente la palabra hebrea *marpe*. En el versículo citado al inicio de este párrafo, se compara al Mesías con el sol naciente, cuyos rayos visibles se esparcen en todas direcciones; de cada uno de estos rayos de luz gloriosa fluye la sanidad. El capítulo 3 de este libro trata sobre la fe que mueve la mano de Dios para la sanidad divina en nuestras vidas, sanidad tanto física como interior (emocional y mental), se mencionó la sanidad completa del gadareno endemoniado.

En Lucas 8.36 se dice de él: «Y los que lo habían visto, les contaron cómo había sido salvado (sanado) el endemoniado» (interpretación hecha por el autor); en este versículo se usa la palabra griega *sozo*, «sanar, salvar, hacer sano o completo»; *sozo* ofrece una perspectiva singular de Lucas, el médico amado. A través del versículo 8 se narra una serie de encuentros en los que se manifiesta el poder SANADOR de Jesucristo:

* El endemoniado gadareno, en los versículos 26 al 36, es «sanado», LIBERADO de los poderes malévolos que dominaban su MENTE racional y sus ACCIONES FÍSICAS. Jesús lo sanó por completo.

* La mujer con el flujo de sangre, en los versículos 43 al 48, toca el borde de la túnica de Cristo y Él le dice: «Hija, tu fe te ha salvado (sanado)» (interpretación hecha por el autor).

* La hija de Jairo es sanada y resucitada, versículos 49 al 56, por el poder de Jesús; en el versículo 50, después de que se le había dicho que la niña estaba muerta, el Señor declara: «No temas; cree solamente, y será salva (sanada)» (interpretación hecha por el autor).

* En la explicación de la parábola del sembrador, versículos 11 al 15, particularmente en el 12, Jesús declara que la palabra «salven» se usa en sentido de la relación restaurada con Dios por medio de la fe. El relato preciso de Lucas ofrece un cuadro completo del interés de Jesucristo Salvador por RESTAURAR cada parte de la vida del ser humano: **Restaurar** nuestra relación espiritual con Dios Padre. **Restaurar** nuestra mente y personalidad de la servidumbre. **Restaurar** nuestra salud física. **Restaurarnos** de la muerte a SU resurrección.

Jesucristo es el Salvador del ser humano en SU TOTALIDAD. ¡Aleluya! Es Cristo quien nos sana y fortalece, primero nuestra alma que reconcilia con el Padre, sana y fortalece nuestros cuerpos debilitados por la enfermedad física, mental, o emocional. Por la cruz y su resurrección, Él garantizó victoria sobre los poderes de las tinieblas y hoy podemos ser FORTALECIDOS por su poder y autoridad en estas áreas. ¡Gloria a Dios! La promesa para nosotros está en Éxodo 23.25b: «Y yo quitaré toda enfermedad de en medio de ti». Tome esta promesa y no la suelte; Él le fortalecerá y sanará toda molestia de su cuerpo.

Por más triste que se encuentre por su situación física, corra a Él por fe y ponga a sus pies toda la angustia que atormenta su corazón, Él le contestará. Como dijo George MacDonald una vez: «Aquella persona acude a Dios con un mínimo de deseo, aun cuando sus sentimientos digan lo contrario, cuando su cuerpo debilitado ya casi no puede más, cuando no hay fervor ni inspiración y cuando los pensamientos fatalistas invaden su mente, y que en medio de todo esto pueda decir que el Señor es su FORTALEZA y su salvación, esta persona es realmente madura porque cree y conoce a su Dios». Por esto nuestra fe está puesta en las Escrituras que nos alientan en Isaías 35.3: «FORTALECED las manos cansadas, afirmad las rodillas endebles» (mayúsculas añadidas por el autor). Dios le dice hoy: ¡Levántate! Sea fortalecido en su cuerpo, alma y espíritu; Dios está a su lado en estos momentos. Y por último, crea y confiese este versículo conocido por todos los creyentes alrededor del mundo, el cual nos sirve de aliento, fuerza y victoria en momentos de debilidad, lucha y enfermedad:

Filipenses 4.13: «Todo lo puedo en Cristo que me FORTALECE» (mayúsculas agregadas por el autor). ¡La victoria es suya!

La fortaleza a nuestro ministerio

En Jeremías 16.19 el profeta clama al Señor y dice: «Oh Jehová, fortaleza mía y *fuerza* mía, y refugio mío en el tiempo de la aflicción»; *fuerza* en hebreo es *oz*, que expresa «poder y seguridad»; este sustantivo viene del verbo *azaz*, que quiere decir «firme y fuerte». La descripción que hace Jeremías de su Dios, en hebreo tiene calidad poética: *Uziu-Ma'uzi*, «mi fortaleza y mi fuerza». Jeremías necesitaba la FORTALEZA de su Dios para enfrentar los desafíos de su ministerio, él depositó su esperanza en la FUERZA del Señor, hizo de Él su refugio y creyó que su poder era suficiente para ayudarle en la aflicción que enfrentaba. El poder y la seguridad para vencer todas las circunstancias por las que él pasó venían de Dios.

Jeremías empezó su ministerio muy joven, durante el reinado de Josías rey de Judá; fue llamado para llevar a su pueblo un severo mensaje de condenación y al mismo tiempo de reconciliación y de misericordia de parte de Dios. Después de ser asesinado por el Faraón Necao de Egipto, en 609 A.C. en Meguido, le sucedieron en el trono sus tres hijos Joacaz, Joacim y Sedequías y su nieto Joaquín. Jeremías tenía un corazón compasivo por su pueblo y oró por él aun cuando el Señor le dijo que no lo hiciera. El profeta condenó a los gobernantes, los sacerdotes y a los falsos profetas que extraviaban al pueblo, así como la idolatría y profetizó el juicio que enfrentarían al no arrepentirse. Jeremías vio lo equivocado de la política de estos reyes y profetizó del plan de Dios en contra de Judá, pero ninguno de ellos escuchó sus advertencias, Joacim asumió una actitud abiertamente hostil contra Jeremías y destruyó uno de los manuscritos que éste le envió, lo hizo pedazos y lo echó al fuego; Sedequías permitió que los enemigos de Jeremías lo maltrataran y enviaran a prisión. A Jeremías, Dios le prohibió casarse y tener hijos, como señal de que se acercaba el juicio y que la próxima generación sería destruida; fue un hombre de muy pocos amigos, debido al estilo de su mensaje profético, que llevaba condenación y juicio, ya que la esperanza de la mayoría del pueblo, de los líderes, sacerdotes y gobernantes era de paz y prosperidad. Su ministerio estuvo lleno de dolor y angustia por su pueblo, desde 626 A.C. hasta poco tiempo después de la caída de Jerusalén, en 586 A.C. En medio de su sufrimiento Jeremías pidió ayuda al Señor para seguir adelante: «Oh Jehová FORTALEZA mía, y FUERZA mía, y REFUGIO mío en el tiempo de la aflicción» (mayúsculas agregadas por el autor). Estoy seguro que la mano de Dios se movió, por la fe, para dar FORTALEZA a la vida de este gran profeta.

Quizá usted esté enfrentando en este momento, en su vida y ministerio, lo mismo o alguna forma de oposición similar, tal vez esté enfrentando enfermedades, problemas familiares o financieros. Todo verdadero ministerio enfrentará momentos de oposición, tal como Jeremías con los «líderes religiosos» de su tiempo. Yo tendría que escribir otro libro dedicado a narrar mis experiencias de pruebas, luchas, tribulaciones y oposiciones que he enfrentado con «ministros» durante veintitrés años al servicio del Señor; pero todas ellas Dios las ha usado para madurarme y capacitarme. El salmo 27.1 siempre fue mi aliado: «Jehová es mi luz y mi salvación ¿de quien temeré? Jehová es la FORTALEZA de mi vida; ¿de quien he de atemorizarme?» (mayúsculas agregadas por el autor). Como Jeremías, he enfrentado de parte de muchos «ministros», una serie de críticas, difamaciones, mentiras, chismes, engaños, y calumnias con el propósito de destruir mi vida y ministerio de una manera inimaginable. Muchos «pastores y líderes», movidos por el celo y la envidia de cómo hemos crecido en el ministerio, han inventado fuertes acusaciones contra mi carácter, integridad, vida pública e incluso de mi vida privada. Mencionar lo que ellos han dicho sería perder el tiempo y ocupar el espacio de asuntos que podrían edificar su vida. Igual que Jeremías, porque he predicado fuertemente la verdad sobre varios asuntos, he tenido muchos «enemigos»; estos «ministros y pastores» que no pueden «soportar la sana doctrina» y señalan acusando de «exagerados», mientras ellos mismos saben que viven cometiendo falta delante de Dios y hablan de la herida que sangra en sus propias vidas. He recibido gran cantidad de correos electrónicos, cartas y llamadas telefónicas de los «ministros enemigos» que odian este ministerio, mientras aquí se predica lo que es correcto, justo y verdadero. Por esto, como Jeremías, tengo pocos amigos, aunque he predicado alrededor del mundo y conozco a miles de personas… Pero los pocos amigos que tengo son verdaderos. Yo no comprometo la Palabra de Dios y mis convicciones para recibir una invitación. Por esto muchos «pastores» nos han cerrado las puertas, han mentido y con ello otros pastores han cerrado sus puertas a nuestro ministerio. Nos acusan de ser muy radicales al predicar. La verdad es que ellos no tienen suficiente «osadía, intrepidez y valentía» ni suficiente «unción» para predicar como nosotros y no pueden oír la Palabra porque les trae remordimiento a sus pesadas conciencias, son pastores sin «madurez», viven inseguros de su llamado y son «infantiles» en su proceder porque en la mayoría de los casos nunca fueron realmente «llamados» por Dios.

Estoy consciente de que todo verdadero ministerio que realmente predica lo que la Palabra de Dios dice tendrá oposición y muchos enemigos. Solamente aquellos que predican para agradar a los demás nunca tendrán oposición. El famoso predicador John Wesley acostumbraba a decir a sus alumnos: «Cuando ustedes prediquen la Palabra como debe ser sucederá una de estas dos cosas: o la persona se convertirá o se enojará. Si no pasa ninguna de las dos cosas después de su prédica es porque ustedes no son llamados al ministerio». Esto fue exactamente lo que le sucedió a Jeremías y sucede con su servidor; pero a pesar de todo, a estos «pastores», los amo y los he perdonado porque en realidad son dignos de «lástima». La mayoría de ellos viven vidas ministeriales fracasadas, fuera de la voluntad de Dios, y como gran parte de ellos son infelices en su relación matrimonial, transmiten su vida amargada, su dolor, angustia y su pobre condición a la esfera del ministerio; porque como dijo Cristo, sus bocas hablan lo que está dentro de sus corazones. Después de un tiempo nos enteramos, para dolor de nuestro corazón, que aquellos que nos acusaban falsamente cayeron de la gracia de Dios y fueron expulsados de sus congregaciones, concilios y denominaciones. Mancharon el nombre de Cristo y de su evangelio por el mal testimonio que dieron. Algunos se han enfermado gravemente porque la mano de Dios ha sido dura contra ellos, pero se rehúsan a reconocer y a pedir perdón por lo que han dicho; el orgullo, la soberbia y la prepotencia no les permiten dar marcha atrás para redimir sus almas del juicio. Pablo ya lo decía en Gálatas 5.26: «No nos hagamos vanagloriosos, irritándonos (contendiendo) unos a otros, ENVIDIÁNDONOS unos a otros (entre los ministros)» (interpretación y mayúsculas agregadas por el autor). Algunos de ellos perdieron sus «ministerios», si es que en realidad algún día lo tuvieron; otros perdieron a sus familias por completo, mientras que otros fueron abandonados por sus esposas; algunos sufrieron al ver a sus hijos involucrados en drogas, prostitución, robo y encarcelamiento; lo que deseaban para mí, le sucedió a sus «ministerios» y a sus familias. Dios no puede ser burlado, lo que el hombre sembrare, eso cosechará. ¡Está escrito! Yo oro y exclamo como Jeremías delante de toda esta situación: «Oh Jehová, ¡lo que ha causado la envidia, el celo y las mentiras!» Damaris y yo hemos orado por estos «ministros» que nos han hecho tanto daño, hemos ayunado para que Dios tenga misericordia y he llegado a la conclusión de que el ministro que trata de destruir a otros, de la forma que sea, ya está mal; está en pecado, porque ningún ministro verdadero, que vive en comunión íntima con Dios tratará de destruir a su compañero ministerial. Pero siempre la mano de Dios se ha movido a mi favor y he encontrado FORTALEZA en el Señor para seguir adelante con el apoyo de mi querida familia, de aquellos pocos amigos y consejeros en el ministerio que realmente nos aprecian, nos animan y oran por nosotros.

Hay una historia que se cuenta en Latinoamérica sobre un burro que cayó a un pozo, su dueño lo encontró tirado al fondo del pozo y le puso cuerdas alrededor para levantarlo, con la esperanza de sacarlo, pero no pudo hacerlo porque el burro pesaba demasiado. Llamó algunas personas para ayudarlo pero fue en vano, después de muchos intentos el dueño se resignó y llamó a las personas del vecindario para echar TIERRA arriba del pobre burrito, y enterrarlo vivo en el pozo. Tomaron las palas y empezaron a echar TIERRA, pero el burro (que no era tan «burro»), se dio cuenta y cada vez que echaban TIERRA, él se sacudía y saltaba arriba de la TIERRA; conforme fueron echando TIERRA, se fue sacudiendo y saltando arriba, seguía VIVO. De tanta TIERRA que echaron, el burro, para sorpresa de todos, pudo salir del pozo VIVO... Esto es exactamente lo que han tratado de hacer conmigo y con todos los verdaderos ministerios que predican la verdad. Se han unido muchos «ministros» y nos han echado tierra y más tierra, críticas y más criticas, acusaciones y más acusaciones, mentiras y más mentiras, y vuelven a echarnos tierra para enterrarnos, para destruirnos, PERO ESTAMOS VIVOS y cada vez que nos señalan subimos más, crecemos más, saltamos sobre las acusaciones y siempre salimos VICTORIOSOS, fuera del pozo, de la envidia y del celo, saltando de alegría y gozo. Para sorpresa de nuestros acusadores, estamos VIVOS y el ministerio crece más y más cada día, en todas las áreas, mientras que ellos disminuyen menos y menos a cada día. ¡Dios es fiel y jamás nos dejará!

La razón por la que compartí con usted todo lo que hemos vivido al ser perseguidos y acusados injustamente por estos «ministros», es porque sé que muchos ministerios sufren lo mismo y es mi intención edificarle y que se identifique, si fuera necesario con esta situación. Muchos líderes, ministros, misioneros, evangelistas y pastores me han comentado que ellos han sufrido problemas iguales al mío; si usted, como ministro, también está reexperimentando esta situación en su ministerio, ¡anímese hombre, usted no está solo! Los profetas del Antiguo Testamento lo enfrentaron, Jesucristo lo enfrentó, los discípulos, los apóstoles, los padres de la iglesia primitiva, los mártires, los verdaderos predicadores de ayer y de hoy también lo están enfrentando, los de mañana también lo enfrentarán. Regocijaos, esta es nuestra marca de aprobación de parte de Dios. No somos como los demás «predicadores, evangelistas o pastores» que agradan a los hombres, pues nosotros sí podemos decir como el apóstol Pablo en Gálatas 1.1 y 10: «Pablo, apóstol (no por disposición de hombres ni por hombre, sino por Jesucristo y por Dios Padre)... Pues, ¿busco ahora el favor DE LOS HOMBRES, o el de Dios? ¿O trato de AGRADAR A LOS HOMBRES? Pues si todavía AGRADARA A LOS HOMBRES, no sería siervo de Cristo» (mayúsculas agregadas por el autor). ¡Alabado sea Dios! Por esta razón necesitamos de FORTALEZA del

Señor en nuestras vidas pues enfrentaremos oposición hasta el día que Él regrese o que nos lleve a estar con Él, lo que suceda primero.

Daniel, el gran profeta durante el cautiverio babilónico fue fortalecido por Dios en su ministerio, el capítulo 10.18 y 19 narra: «Y aquel que tenía semejanza de hombre me tocó otra vez y me FORTALECIÓ, y me dijo: Muy amado, no temas; la paz sea contigo, ESFUÉRZATE y ALIÉNTATE. Y mientras él me hablaba, recobré las FUERZAS, y dije: Habla mi señor, porque me has FORTALECIDO» (mayúsculas añadidas por el autor). Tanto usted como yo necesitamos esta Palabra, debemos alentarnos en Él, sabiendo que Dios está en control de todo. Pablo también estaba consciente de que solamente el poder divino le ayudaría y fortalecería en su vida y ministerio. Vea lo que él dijo en 1 Timoteo 1.12: «Doy gracias al que me FORTALECIÓ, a Cristo Jesús nuestro Señor, porque me tuvo por fiel, poniéndome en el MINISTERIO» (mayúsculas añadidas por el autor). El apóstol Pedro lo confirma en 1 Pedro 5.10: «Mas el Dios de toda gracia, que nos llamó a su gloria eterna en Jesucristo, después que hayáis PADECIDO un poco de TIEMPO, él mismo os perfeccione, afirme, FORTALEZCA y establezca» (mayúsculas agregadas por el autor). Queridos ministros: Sean fortalecidos en el Señor y sigan adelante en su ministerio, sepan que su recompensa es grande en los cielos. ¡Anímense!

La fe que mueve la mano de Dios para la fortaleza

Primero de Crónicas 29.12 declara: «*En tu mano* está la fortaleza y el poder, y en tu mano el hacer grande y el dar poder a todos» (énfasis hecho por el autor). Nuestras vidas están en las manos de Dios, recibimos, por la fe, su FORTALEZA diaria para seguir adelante; cuando nos sentimos tristes o angustiados nuestra alma y espíritu son FORTALECIDOS por el poder de su mano. Nuestro cuerpo físico recibe FORTALEZA divina en momentos de debilidad o enfermedad; nuestros ministerios caminan basados en la FORTALEZA que Él proporciona y nos hace marchar hacia adelante aún en medio de tanta adversidad, resistencia y persecución. En Deuteronomio 8.18a está escrito: «Sino acuérdate de Jehová tu Dios, porque él te da el *poder*» (énfasis hecho por el autor). La palabra *poder* en hebreo es *koach*, que significa «vigor, fuerza, capacidad y poder», se refiere al área física, mental y espiritual. En este pasaje, la Palabra de Dios deja en claro que Él es quien nos da vigor FÍSICO y FUERZA, nuestra capacidad MENTAL y poder viene de un ser divino y todopoderoso, también deja en claro que la habilidad ESPIRITUAL de hacer todo lo que hacemos para Él proviene de Dios. Por esto, Efesios 3.16 dice claramente: «Para que os dé, conforme a las riquezas de su gloria, el ser FORTALECIDOS con poder en el hombre interior por su Espíritu» (mayúsculas agregadas por el autor). Isaías 40.29, 31 nos promete: «Él da ESFUERZO al cansado, y multiplica las FUERZAS al que no tiene ningunas. Pero los que esperan a Jehová tendrán nuevas FUERZAS... correrán, y no se cansarán; caminarán y no se fatigarán» (mayúsculas añadidas por el autor); en cuanto al trabajo ministerial, Dios ha prometido FORTALECERNOS en medio de las luchas y tribulaciones que enfrentemos. Pablo dijo a la iglesia en Éfeso que se mantuvieran firmes en Cristo, Efesios 6.10: «Por lo demás, hermanos míos, FORTALECEOS en el Señor, y en el poder de su FUERZA» (mayúsculas agregadas por el autor). En Él somos FORTALECIDOS como pueblo de Dios y como ministros. En Isaías 41.10 nos prometió: «No temas, porque yo estoy contigo; no desmayes, porque yo soy tu Dios (Él es el Dios de tu ministerio) que te ESFUERZO; siempre te ayudaré (en tu ministerio), siempre te sustentaré (en las pruebas del ministerio) con la diestra de mi justicia» (interpretación y mayúsculas agregadas por el autor). El Señor dará SU FORTALEZA a aquellos verdaderos ministros que realmente fueron llamados por Él. Si usted es uno de éstos, no tiene de que preocuparse. ¡Dios está conmigo y con usted!

Capítulo 7

La fe que trae la paz divina a su vida

«Y veréis, y se alegrará vuestro corazón...
y la mano de Jehová para con sus siervos será conocida»
(Isaías 66.14).

Nahúm 1.15a dice: «He aquí sobre los montes los pies del que trae buenas nuevas, del que anuncia la *paz*» (énfasis hecho por el autor). La palabra *paz* en hebreo es *shalom*, que quiere decir «plenitud de paz, totalidad de paz, salud, bienestar, seguridad, solidez, tranquilidad, prosperidad, perfección, descanso y armonía». Es la completa ausencia de discordia o agitación. *Shalom* proviene de la raíz verbal *shalam* que significa «perfecto, pleno, completo». Por tanto, *shalom* representa mucho más que la ausencia de guerra o conflicto, es la plenitud que toda la humanidad busca; *shalom* aparece cerca de 250 veces en el Antiguo Testamento. Solamente Dios puede ser nuestra completa paz, llenarnos de su plenitud de paz en nuestras vidas.

En el día 21 de Noviembre de 1985, el presidente de Estados Unidos, Ronald Reagan y el Secretario General de la Unión Soviética Mikhail Gorbachov, hicieron un pacto en Ginebra, Suiza, en el que declararon: «Hoy empezamos una nueva etapa para la paz». Con esto se dio el primer paso para terminar con la guerra fría entre ambos países; después, el 13 de septiembre de 1993, frente al presidente Bill Clinton, en la Casa Blanca en Washington D.C., dos antiguos enemigos, el primer ministro de Israel Itzhak Rabin, y el jefe de la Organización para la Liberación de Palestina, Yassir Arafat, apretaron sus manos en señal de paz, simbolizando así el término del conflicto entre ambos pueblos. Basta ver cualquier noticia, para constatar que el problema sigue igual o peor. El siglo XX se caracterizó por hablar demasiado acerca de tolerancia y humanismo, ahora, en el siglo XXI, Israel tuvo un conflicto armado con Hesbolat en Líbano; los palestinos siguen en conflicto con Israel en la Franja de Gaza y en el margen Occidental en los territorios ocupados; Estados Unidos está en guerra con Irak y en contra del terrorismo organizado a nivel mundial.

En la Organización de las Naciones Unidas diplomáticos, embajadores, presidentes, primeros ministros y diversos líderes han hablado de paz, pero en las naciones no hay paz, pues éstas están en camino a la guerra final, el Armagedón, como dicen las Escrituras y no podrán escapar. Pablo lo advirtió en 1 Tesalonicenses 5.3: «Que cuando digan: PAZ y SEGURIDAD, entonces vendrá sobre ellos destrucción repentina (la guerra del Armagedón)... y no escaparán» (interpretación hecha por el autor). Apocalipsis 16.14 y 16 afirma: «para reunirlos a la batalla de aquel gran día del Dios Todopoderoso. Y los reunió en el lugar que en hebreo se llama Armagedón». Este lugar está localizado al oeste del río Jordán, en la planicie de Jezreel, llamada Meguido. Por lo tanto no habrá paz en el mundo y en los corazones de los hombres hasta que los gobiernos reconozcan que Jesucristo es el «Príncipe de Paz» (Isaías 9.6), pues Él vino a rescatar al hombre y restaurar su comunión con Dios, como lo explica Colosenses 1.20: «Y por medio de él (Cristo) reconciliar consigo todas las cosas, así las que están en la tierra... haciendo la paz mediante la sangre de su cruz». El deseo de todo ser humano es que el mundo tenga PAZ real y duradera, por esto, después del arrebatamiento de la Iglesia del Señor, aparecerá el Anticristo (ver Daniel 7.8; 2 Tesalonicenses 2.3-10 y Apocalipsis 13.1-18), que será un dictador mundial que recibirá el apoyo de todos los gobernantes de la tierra, será investido del mismo poder que Satanás. Este hombre inicuo hará un falso pacto de paz entre Israel y los países Árabes, engañará a todo el mundo. Entonces llegará la tercera y última guerra mundial, la de Armagedón, cuando el Anticristo comande las naciones y lleve a sus ejércitos al último conflicto bélico al invadir Israel. Será entonces que «vendrá la destrucción repentina» (Ezequiel 38, 39; Zacarías 12, 14). Cuando estuve en Israel visité el lugar donde acontecerá el Armagedón, y quedé maravillado de haber estado donde los ejércitos del mundo combatirán contra Israel;

fue una experiencia impresionante; entonces las naciones sobrevivientes de la guerra de Armagedón (Zacarías 14.16) entrarán en el milenio, donde Cristo reinará con su Iglesia y habrá verdadera PAZ por mil años en la tierra (Apocalipsis 20.1-6).

La paz en los problemas, pruebas y tribulaciones

En la obra literaria *La eneida*, escrita por Virgilio, cuando uno de los guerreros heridos regresa de la guerra, apenas puede mantenerse erguido, entra a la ciudad, Virgilio grita palabras de determinación tan necesarias en nuestros días: «A pesar de todo, este hombre sigue sosteniendo las riendas». Con frecuencia, ante la aparición de dificultades, problemas, pruebas y tribulaciones tendemos a correr y rendirnos; en realidad es Cristo quien nos da su PAZ en medio del caos. La persona que surge victoriosa en la vida es aquella que no se detiene en la batalla, y aunque herida, sale viva con marcas y cicatrices pero alcanza la victoria, porque sigue fielmente sosteniendo las riendas. Él nos sostendrá en SU PAZ aunque la batalla sea grande. Tenemos su promesa en Isaías 26.3: «Tu guardarás en completa paz a aquel cuyo pensamiento en ti persevera; porque en ti ha confiado». Si los pensamientos de nuestra mente están en Él, podremos enfrentar los embates de la vida confiadamente, porque hemos de perseverar y depositar nuestra confianza en el Dios que todo lo puede. Al enfrentar las pruebas, la marca de nuestra madurez espiritual como cristianos está en Gálatas 5.22: «Mas el fruto del Espíritu es amor, gozo, PAZ, paciencia, benignidad, bondad, fe, mansedumbre, templanza». Para poseer el fruto del Espíritu, es necesario que Él esté plantado dentro de nosotros, porque para que algo dé fruto debe ser una planta o un árbol. Si Cristo está plantado en nuestro ser como el árbol de la vida, entonces produciremos los frutos del Espíritu (Juan 15.1-8).

Por muchos años los agricultores usaron una herramienta llamada «tribulum», que servía para separar la cizaña del trigo. Actualmente usamos la palabra «tribulación» que se deriva del nombre de dicho artefacto; de la misma manera que los agricultores antiguos usaban el tribulum para separar lo bueno para sus cosechas, Dios usa la herramienta de la «tribulación» (de las luchas y pruebas) para madurarnos, capacitarnos y santificarnos de toda cizaña espiritual en nuestras vidas. Cuando la esposa de Thomas Dorsey murió en labor del parto, Thomas se sintió completamente solo al experimentar tan terrible sufrimiento, en su padecimiento él clamó: «Dios, ¿dónde estás, por qué me sucedió esto a mí?» Después de pedir PAZ al Señor, ante tan profunda frustración y con gran tribulación se sentó frente al piano y empezó a componer una canción que expresaba la oración de su corazón. La melodía decía: «Precioso Señor, toma mi mano, dirige mis pasos, ayúdame a levantarme de esta prueba, porque estoy cansado, estoy débil y exhausto por esta tormenta. Dame paz en la noche oscura, llévame hacia a la luz. Toma mi mano, precioso Señor, guíame hasta el hogar celestial».

Es muy difícil entender la razón por la cual suceden estas cosas y cómo Dios las permite; creo que en la eternidad tendremos la respuesta, mientras tanto tenemos que admitir que nuestras emociones son afectadas profundamente por los problemas y aún más por las pruebas fuertes. Cuando la lógica de nuestra mente o lo que conocemos como verdad es cubierta por el dolor y el sufrimiento, la mayoría de las ocasiones no entenderemos a Dios, entonces sólo nos resta decir que no lo comprendemos con nuestras limitadas mentes carnales, pero seguimos, por fe, confiando en Él y aceptamos lo que Él ha decidido; Lo seguiremos amando aunque las experiencias digan lo contrario. Pero cuando nos ponemos a pensar que nosotros también sufrimos cuando nuestros hijos sufren, nos damos cuenta que Dios, quien nos ama mucho más de lo que nosotros amamos a nuestros hijos, también sufre cuando nosotros sufrimos. Recuerde que la primera venida de Cristo a la tierra fue acompañada de dolor y lágrimas por el Padre cuando lo vio partir de los cielos al mundo terrenal, hacerse carne y habitar entre nosotros; Él, en el cielo perdió a su Hijo, nosotros ganamos un Salvador. Raramente pensamos en la Navidad desde la perspectiva del Padre celestial, quien conocía lo que sucedería cuando su Hijo dejara su trono; sabía el sufrimiento, el dolor y la pasión de la crucifixión de Cristo; también el Padre conocía la salvación eterna que su Hijo obtendría en el Calvario al redimir su propia creación. La realidad es que tanto el nacimiento de Jesús como su muerte provocaron sufrimiento al Padre, tristeza cuando lo vio partir de la gloria, cuando lo vio sufrir y morir. Dios no es indiferente a lo que usted está pasando. Él entiende su problema, su prueba y su dolor, porque Él mismo ya pasó por ahí. Dios sabe y a Dios sí le importan sus lágrimas y su sufrimiento, el salmo 34.18 nos dice: «Cercano está Jehová a los quebrantados de corazón; y salva a los contritos de espíritu». La letra de una conocida canción cristiana dice así: «Usted puede tener... PAZ en el medio de la tormenta». Estoy seguro que por fe la mano de Dios se moverá a su favor y le dará PAZ en su tormenta.

Una viuda que crió una familia muy grande fue entrevistada una vez, ya que además de sus seis hijos, adoptó doce niños más, siempre mantuvo un semblante de PAZ, tranquilidad y de plena confianza. Cuando el reportero le preguntó cuál era el secreto de su gran trabajo, la respuesta fue asombrosa, dijo:

—El cuidado de todos ellos fue muy bueno porque yo formo parte de una sociedad.

—¿Qué quiere usted decir con esto? —dijo el entrevistador, sorprendido.

—Hace muchos años dije: «Señor, yo haré todo el trabajo y Tú me darás tu PAZ, me cuidarás de todos mis problemas, pruebas, tribulaciones y aflicciones». Por esto es que durante todos estos largos años yo he estado libre de cualquier ansiedad o preocupación.

Ahí residía la victoria de esta mujer, ella tenía los frutos del Espíritu, la PAZ gobernaba su vida, sus quehaceres diarios y sus muchas responsabilidades. La PAZ de Cristo hace la diferencia en nuestras vidas. ¡Alabado sea su Nombre!

La paz en la lucha espiritual

Todo cristiano enfrenta oposición de demonios y espíritus de las tinieblas, pero aún en la guerra espiritual podremos mantener la PAZ, en Efesios 6.12, 13 el Apóstol Pablo nos dice: «Porque no tenemos lucha contra sangre y carne, sino contra principados, contra potestades, contra los gobernadores de las tinieblas de este siglo, contra huestes espirituales de la maldad en la regiones celestes. Por tanto, tomad toda la armadura de Dios, para que podáis *resistir* en el día malo, y habiendo acabado todo, estar firmes» (énfasis añadido por el autor). *Resistir* en griego es *anthistemi*, como «antiestamina», se compone de *anti* que es «contra» e *histemi* que es «resistencia»; el verbo sugiere «oposición vigorosa, resistencia valiente, colocarse frente a frente contra un adversario y mantenerse uno en su terreno». *Anthistemi* nos dice que con la autoridad y las armas espirituales que nos son concedidas, podemos «resistir las fuerzas del mal». Todo verdadero cristiano tendrá guerra espiritual contra el diablo y sus demonios que intentarán destruirlo al hacerlo pecar de formas diferentes. Nuestra lucha no es uno a uno, como entre humanos, sino contra el príncipe de las tinieblas y sus secuaces, por esta razón es necesario ponernos TODA la armadura de Dios (Efesios 6.14-18) para pelear con discernimiento, sabiduría y destreza. Podremos resistir al enemigo y vencerlo usando las armas de nuestra milicia que no son carnales (2 Corintios 10.4). Resistiremos valientemente el acecho del diablo y mantendremos una oposición vigorosa y con la PAZ de Cristo; Él nos guardará durante esa guerra, pues Filipenses 4.7 asegura: «Y la PAZ de Dios, que sobrepasa todo entendimiento, guardará vuestros corazones y vuestros pensamientos en Cristo Jesús».

Un viajero que estaba en África miró una de las grandes mariposas luchando para librase del capullo, al ver la situación sintió pena por la mariposa, tomó su cuchillo, abrió el capullo e hizo que saliera con más facilidad. Al hacer esto, los bellos colores que esas mariposas poseen desapareció, el hombre no sabía que la AFLICCIÓN que generaba la lucha de la mariposa era parte del proceso de la naturaleza para formar sus bellos colores... Así es con nosotros los cristianos en todo el mundo, el «capullo» es la lucha espiritual que Dios usa y forma parte de su plan para madurarnos y traernos SU PAZ divina en medio de las aflicciones de nuestra vida. Damaris y yo hemos enfrentado grandes guerras espirituales junto a nuestros misioneros, hemos vencido por medio del ayuno y la oración. Siempre tendremos conflicto espiritual. Cuando usted esté ganando almas, sosteniendo misioneros, capacitando ministros, escribiendo libros de edificación para miles de miles de personas, y viajando alrededor del mundo predicando en campañas y cruzadas, esté seguro que tendrá oposición maligna; pero Cristo nos prometió su Paz en Juan 14.27: «La PAZ os dejo, mi PAZ os doy... no se turbe vuestro corazón, ni tenga miedo».

No hay razón para atemorizarnos, porque Él está con nosotros en nuestra lucha espiritual. Para obtener grandes victorias es necesario combatir contra las fuerzas satánicas y vencerlas, sólo así obtendremos respuesta a lo que le hemos pedido en nuestra vida, sea en el área privada, pública, familiar o ministerial.

Durante la guerra civil norteamericana un soldado fue comisionado para quedarse de guardia durante la noche en la floresta, lejos de su tropa y solo, empezó a sentir miedo. La luna brillaba sobre el lugar lleno de árboles, para espantar el miedo comenzó a entonar suavemente un antiguo himno cristiano; la letra decía: «Jesús, el amado de mi alma, quiero refugiarme en ti. Dame tu PAZ, otro refugio aquí no tengo, sólo tú eres, oh Jesús, el amado de mi alma» Cuando terminó, sintió gran PAZ y alivio, todo el temor desapareció. Algunos años más tarde, después del fin de la guerra, el soldado estaba participando en un culto evangélico y tuvo la oportunidad de cantar la misma canción, al final del evento una persona a la que no conocía se le acercó y le dijo: «Nunca lo he visto antes, pero tanto la canción como su voz me son familiares, siento que ya la había escuchado antes»; entonces le preguntó: «¿Usted no es la persona que estaba cantando una noche en la floresta, durante la guerra?» La respuesta del soldado fue: «Sí, yo la canté hace mucho, durante la guerra, cuando me sentía solo y atemorizado en medio de los árboles en la oscuridad de la noche». El desconocido le dijo que aquella noche él y sus hombres que eran soldados de la Unión estaban escondidos detrás de los árboles, tenían sus armas apuntando, listas para dispararle ya que él era un soldado de los Confederados. Pero cuando escuché: «Jesús, el amado de mi alma, quiero refugiarme en ti. Dame tu PAZ, otro refugio aquí no tengo, solo tú eres, oh Jesús, el amado de mi alma», le dije a mis soldados: «No disparen a este hombre, es cristiano». Entonces nos fuimos de la floresta, pero nunca me olvidé aquella canción y la voz que la cantaba; terminó diciendo: «¡Usted era aquel hombre que la entonó!» Dios lo había salvado de una muerte segura. Así como Él estuvo en una guerra en el campo de batalla, nosotros estamos también en una guerra real, pero de ámbito espiritual. Dios le dio PAZ al soldado en el medio de su temor y de su incertidumbre solamente al entonar una canción que mencionaba el dulce nombre de Jesús. De la misma forma Dios nos dará Su PAZ y tranquilidad a nosotros.

La paz en el ministerio

Hechos 9.31 dice a nosotros los ministros: «Entonces las iglesias tenían PAZ por toda Judea, Galilea y Samaria; y eran edificadas, andando en el temor del Señor, y se acrecentaban *fortalecidas* por el Espíritu Santo» (énfasis hecho por el autor). *Fortalecidas* en griego es *paraklesis*, que es un llamado a brindar «ayuda», a «consolar», a traer PAZ o «animar». *Paraklete* constituye una presencia fortificante, alguien que da «sostén y PAZ» a quienes claman por ayuda. *Paraklesis*, el «consuelo y PAZ», viene a nosotros por medio del Espíritu Santo y de las Escrituras. Somos llamados a tener PAZ en nuestros ministerios, aún en medio de las pruebas. La FORTALEZA del Señor viene por medio de su Espíritu que nos ayudará y traerá PAZ y consolación. Su poder nos animará a seguir adelante sabiendo que Él nos sostendrá en todo lo que emprendamos para Él. Al clamar por su presencia fortificante recibiremos SU PAZ, las Escrituras nos enseñarán el camino por el cual andar, seremos victoriosos y felices. Isaías 26.12 afirma: «Jehová, tú nos darás PAZ, porque también hiciste en nosotros todas nuestras obras» (mayúsculas agregadas por el autor). Es Él quien nos llenará de SU PAZ, no importa la situación que nosotros estemos enfrentando, porque es Él quien ha hecho todas las maravillas en nuestros ministerios y es Él quien ha bendecido nuestras obras por su poder.

He visto a muchos ministros conducir sus quehaceres atribulados, afanados, turbados y en algunos casos sin PAZ, entiendo que hay libros que leer (empezando por la Biblia), sermones que redactar, gente que atender, pastorear y aconsejar; hay viajes que hacer; tentaciones que vencer; hay todo tipo de situaciones difíciles de enfrentar; grandes desafíos que vencer en un mundo sin Cristo que rechaza la Palabra; sé que hay nuestras esposas que atender, hijos que educar, cuentas por pagar, casa que sostener, pero esto no es razón para que nos falte PAZ. Las ocupaciones del ministerio son muchas, yo mismo soy un hombre «extremamente ocupado» con las diligencias que tengo que atender, sin embargo he aprendido a través de los años que para todo hay tiempo; no hay razón para afanarnos y correr. Todo tiene su hora, todo tiene su día y todo tiene su tiempo, ya lo decía el sabio rey Salomón (Eclesiastés 3.1-8). Dios nos dará SU PAZ y nos FORTALECERÁ en todo lo que hacemos, tenemos que disfrutar el trabajo del ministerio y vivir con un sentido de realización personal y ministerial para cada victoria que Él nos da. Hay una palabra en Isaías 55.12 que para mí es muy especial como evangelista itinerante que soy: «Porque con alegría SALDRÉIS y con PAZ seréis VUELTOS» (mayúsculas agregadas por el autor). Cada vez que voy a salir recuerdo esta palabra y su promesa: «SALDRÉ con alegría porque voy a ganar almas y extender el reino de Dios en la tierra, con PAZ regresaré trayendo los frutos de mi trabajo que resultó en salvaciones, sanidades, bautismos en el Espíritu Santo y la edificación del pueblo de Dios por medio de la Palabra que fue predicada». Estoy MUY agradecido con Dios por mi llamado y ministerio, pues lo amo, lo cuido y disfruto, aunque muchas veces me canso físicamente o esté bajo pruebas, luchas y tribulaciones, esta es la palabra que me conforta: «Él da en tu territorio la PAZ; te hará saciar con lo mejor del trigo» (Salmo 147.14). En el territorio que actúa mi ministerio Él me da SU PAZ. No tengo que temer, pues Él me da siempre lo mejor.

El Reverendo Joseph Parker fue un hombre de Dios que predicó hasta su muerte, en 1902. La esposa de Parker, afectada por el cáncer, sufrió y murió en terrible agonía, de la cual Parker fue testigo; no había nada que él pudiera hacer para aliviar el sufrimiento de su querida esposa, él también se encontraba física y emocionalmente agotado cuando ella, finalmente, murió. Después de la muerte de su esposa, profundamente afectado y atribulado, Parker se sumió con desesperación en el ateísmo; su corazón sin paz llegó a negar la existencia de Dios por lo que él había presenciado; dijo: «No, no, Dios no vio la enfermedad, el dolor, el sufrimiento y desesperación de mi pobre esposa… le he servido fielmente todos estos años en el ministerio… pero Él no me oyó». Después de un largo tiempo Parker se recuperó del trauma, se reconcilió con Dios y volvió a tener la PAZ que solamente Cristo nos puede dar, volvió a predicar hasta el día que partió con el Señor.

El hecho es que cuando nuestras vidas son golpeadas por un dolor emocional intenso, en ocasiones dudamos de aquello que sabemos que es verdad y creemos lo contrario, muchas veces no entendemos las decisiones de Dios ni por qué Él permite ciertas cosas; lo sabremos en la eternidad. Sencillamente tenemos que decir que no lo entendemos, pero seguimos creyendo en Él. Tome tiempo para realizar un estudio cuidadoso del libro de Job y allí encontrará la misma situación, Job culpaba a Dios por lo que Satanás había hecho, hablando contra Él, por la ceguera temporal del dolor, casi negando el carácter, la bondad y la misericordia de Dios. El Señor le quería decir a Job: «Tú quieres culparme para justificarte». Cuando usted pasa por estos momentos en su ministerio, y créame, ya yo los he pasado, considere esto.

1. **Tenga cuidado con lo que dice.** Dios usualmente no toma en serio nuestros «necios discursos y murmuraciones» en contra de su naturaleza cuando estamos sufriendo. Él

sabe que somos polvo. No obstante, usted no desea que su falta de fe sea tomada seriamente por Dios o por los otros y no quiere ir tan lejos en sus «palabras doloridas», porque después no encontrará el camino de regreso ¡tenga cuidado! No vaya a ofender al Espíritu Santo y blasfemar contra Él, entonces no habrá regreso. He pasado por muchas situaciones injustas en las que he hablado con Dios fuertemente en oración y en el ayuno, con dolor en mi corazón, porque Él se demora en actuar a mi favor. Pero después recuerdo que su Palabra dice que Él es justo y sea hoy o mañana Él lo hará, así que anímese, tenga PAZ y espere en Él y Él lo hará. ¡Él nos está probando!

2. Sea absolutamente honesto con Dios. No lo culpe por aquello que no es responsable. Son nuestros pecados y malas decisiones las que acarrearon la mayor parte de nuestros problemas. No se pare fuera del lugar de refugio y PAZ donde usted puede estar seguro. No crea en sus dudas ni dude de sus creencias, manténgase firme y adelante. Acepte que Dios conoce, Él entiende, sabe de su corazón herido. Usted puede volverse a Él cuando su mundo se desvanece o puede alejarse, la elección es suya. El salmo 35.27b dice que Dios se regocija en dar su PAZ a sus siervos los ministros: «Sea exaltado Jehová, que ama la PAZ de su siervo». Hay una antigua canción cristiana que dice: «Él es mi PAZ, ha quebrado todas mis cadenas, ÉL es mi PAZ, ÉL es mi PAZ, dejo toda mi ansiedad sobre Él, Él cuidará de mi, Él es mi PAZ... Él es mi PAZ». ¡Aleluya! Por esto Efesios 2.14-17 dice: «Porque él es nuestra PAZ, que de ambos pueblos (judíos y gentiles) hizo uno... para crear en sí mismo de los dos uno sólo y nuevo hombre, haciendo la PAZ. Y vino y anunció las buenas nuevas de PAZ a vosotros» (aclaración y mayúsculas agregadas por el autor). Él estuvo en control en todo lo que hemos pasado, estamos pasando o pasaremos. Su PAZ guardará nuestros espíritus y almas en Él, como dice Colosenses 3.15: «Y la PAZ de Dios gobierne en vuestros corazones, a la que asimismo fuisteis llamados (al ministerio) en un solo cuerpo (su Iglesia); y sed agradecidos». Por fe reciba la PAZ de Dios en su vida y ministerio.

La fe que mueve la mano de Dios para la paz

Isaías 64.14 nos alienta: «Y veréis, y se alegrará vuestro corazón... y *la mano* de Jehová para con sus siervos será conocida» (énfasis agregado por el autor). El salmo 4.8 nos conforta: «En PAZ me acostaré, y asimismo dormiré; porque solo tú Jehová, me haces vivir confiado». Desde que Kathryn y Joshua Junior nacieron Damaris y yo al acostarlos hicimos que aprendieran y repitieran este versículo, fue uno de los primeros que memorizaron, es la promesa del Señor que Él nos guardará. En la profecía de Zacarías, después del nacimiento de Juan el

Bautista, su padre dice que una de las obras que él haría sería preparar el camino de Cristo, haciendo alusión al Señor Jesús, dice que él iba a «Encaminar nuestros pies por camino de *PAZ*» (Lucas 1.79). En este caso, *paz* proviene del griego *eirene* que es «conciliador», es un estado de «reposo, quietud y calma»; es una «ausencia de lucha» y de completa «tranquilidad». Este término generalmente denota un «bienestar perfecto», *eirene* incluye también relaciones armoniosas entre Dios y los hombres, naciones y familias. Jesús, como el Príncipe de PAZ, le concede su PAZ a aquellos que le invocan en busca de salvación. La Biblia dice que si le obedecemos nos dará su PAZ, lea Isaías 48.18: «¡Oh, si hubieras atendido a mis mandamientos! Fuera entonces tu PAZ como un río, y tu justicia como las ondas del mar». Los ciclones, tornados y huracanes destruyen la tierra por donde pasan, sus feroces e implacables vientos causan grandes estragos; mientras eso sucede en la tierra, allá arriba en la atmósfera, todo está quieto y pacífico. Y más arriba, en el espacio, los astronautas pueden pasear tranquilamente, sin darse cuenta de que abajo el viento está destruyendo algún área.

Por eso el salmo 29.11 promete a la iglesia de Cristo que mientras tengamos los vientos devastadores de las luchas, pruebas y tribulaciones Él estará con nosotros: «Jehová dará fuerza a su pueblo; Jehová bendecirá a su pueblo con PAZ» (mayúsculas agregadas por el autor). Este versículo me causa emoción, y aún en este momento, mientras escribo estas líneas, me salen las lágrimas de nostalgia, porque estas palabras (solamente que en portugués) están escritas frente al púlpito de la congregación de las Asambleas de Dios en la ciudad de Santa María, en Brasil, donde yo crecí en los bancos de la escuela dominical, con mis padres y mis hermanos.

Nuevamente Dios dice a su pueblo en Jeremías 29.11: «Porque yo sé los pensamientos que tengo acerca de vosotros (nosotros, su Iglesia), dice Jehová, pensamientos de PAZ y no de mal, para daros el fin que esperáis» (interpretación y mayúsculas añadidas por el autor). Dios desea lo mejor para nosotros, su PAZ estará con nosotros, no hay que temer. ¿Por qué no debemos temer? Porque ya fuimos lavados por la sangre de Cristo, regenerados y perdonados de cualquier pecado que hubiéramos cometido, como dice Romanos 5.1: «Justificados, pues, por la fe, tenemos PAZ para con Dios por medio de nuestro Señor Jesucristo» (mayúsculas agregadas por el autor).

Pablo, en Filipenses afirma: «y el Dios de PAZ estará con vosotros» (mayúsculas añadidas por el autor), no dice a lo mejor, quizá o es probable, dice ¡ESTARÁ! El apóstol también dijo en Romanos 15.13a: «Y el Dios de esperanza os llene de todo gozo y PAZ» (mayúsculas agregadas por el autor) y en la misma carta a los romanos Pablo aseguró la victoria por medio de la PAZ, cuando dijo: «Y el Dios de PAZ aplastará en breve a Satanás bajo vuestros pies» (Romanos 16.20a, mayúsculas agregadas por el autor). La promesa es para nosotros y nuestra descendencia para siempre, pues en la oración sacerdotal Dios dijo a Moisés que pronunciara las bendiciones sobre los hijos de Aarón y a todo Israel, diciendo: «Jehová te bendiga, y te guarde; Jehová haga resplandecer su rostro sobre ti, y tenga de ti misericordia;

Jehová alce sobre ti su rostro, y ponga en ti PAZ» (Números 6.24-26, mayúsculas agregadas por el autor). La letra de otra canción cristiana dice: «PAZ, PAZ, cuan dulce PAZ, es aquella que el Padre me da, yo le ruego que inunde por siempre mi ser, en sus ondas de amor celestial… PAZ, PAZ, cuan dulce PAZ». Qué maravillosa es la PAZ del Señor en nuestro ser. ¡Aleluya! Dos versículos mencionan que al final de nuestras vidas terrestres Él estará con nosotros para darnos SU PAZ, Isaías 57.2: «Entrará en la PAZ; descansarán en sus lechos todos los que andan delante de Dios» (mayúsculas agregadas por el autor), ¡qué linda promesa para nosotros los cristianos!, Dios nos garantiza su PAZ al ser nosotros mismos agentes de PAZ al terminar nuestra carrera victoriosa en Él, finalmente, el salmo 37.37 nos asegura: «Considera al íntegro, y mira al justo; porque hay un FINAL dichoso para el hombre de PAZ».

Capítulo 8

La fe que trae la respuesta divina a su vida

«En tu mano están mis tiempos»
(Salmo 31.15a).

El salmo 122.6 nos dice: «*Pedid* por la paz de Jerusalén; sean prosperados los que te aman» (énfasis agregado por el autor). *Pedid* en hebreo es *sha'al*, que es «orar, averiguar, solicitar, desear, demandar». *Sha'al* no es la palabra común utilizada para orar, pero sugiere «pedir o averiguar» acerca de algo. Nosotros los cristianos siempre tenemos algo que pedir y estamos a la espera de la respuesta de Dios, esperar en el Señor es la parte más difícil, pues requiere tiempo, paciencia y madurez de nuestra parte. La Biblia es clara, si esperamos en Él no seremos avergonzados, pues el salmo 25.3a y 5c asegura: «Ciertamente ninguno de cuantos ESPERAN en ti será confundido… En ti he ESPERADO todo el día» (mayúsculas añadidas por el autor). Nosotros creemos que hay un solo Dios Todopoderoso, en tres personas: Padre, Hijo y el Espíritu Santo; para recibir alguna cosa de Él es necesario creer en su poder y autoridad, aún quienes no son cristianos deben creer en Él, Hebreos 11.6 nos afirma: «Pero sin fe es imposible agradar a Dios; porque es necesario que el que se acerca a Dios crea que le hay (que Él existe), y que es galardonador de los que le buscan» (interpretación hecha por el autor). Si usted no cree en la Biblia, la Palabra de Dios que dice que Él existe, que es real y verdadero, entonces usted jamás recibirá algo de Él.

Cierto día un profesor universitario ateo retó a sus alumnos con esta pregunta:

—¿Dios creó todo lo que existe?

Un estudiante osadamente contestó:

—¡Sí, lo hizo!

—¿Dios creó todo? —insistió el profesor.

—¡Sí! —contestó nuevamente el joven.

—Si Dios creo todo, entonces Dios hizo el mal, porque el mal existe; bajo el precepto de que las obras de los hombres son malas y esto es un reflejo de quién somos, entonces si fuimos creados por Dios, por lo tanto Dios es malo… —añadió el docente.

El estudiante se quedó callado ante tal afirmación y el profesor, feliz, se jactaba de haber probado una vez más que la fe cristiana era un mito y que Dios no existía. Otro estudiante levantó su mano y dijo:

—Profesor, ¿puedo hacerle TRES preguntas?

—Por supuesto —respondió.

—Primero dígame profesor, ¿existe el frío?

—¿Qué pregunta es esa?, por supuesto que existe —dijo el catedrático—, ¿acaso usted no ha tenido frío?

El muchacho contestó:

—De hecho, señor, el frío no existe. Según las leyes de la física, lo que consideramos frío, en realidad *es la ausencia de calor*. Todo cuerpo u objeto es susceptible de estudio cuando transmite energía, el calor es lo que hace que dicho cuerpo transmita energía. El cero absoluto es la ausencia total y absoluta del calor, pues todos los cuerpos se vuelven inertes, incapaces de reaccionar, pero el frío no existe. Hemos creado este término para describir cómo nos sentimos si no tenemos calor.

El docente quedó callado y no pudo responder, el estudiante continuó:

—Segundo, dígame profesor, ¿existe la oscuridad?

—¡Por supuesto! —dijo.

—Nuevamente usted se equivoca —dijo el joven—. De hecho, señor, la oscuridad tampoco existe. La oscuridad es en realidad la ausencia de luz, esta se puede estudiar, la oscuridad no; incluso existe el prisma de Nichols para descomponer la luz blanca en los colores en que está compuesta, con diferentes longitudes de onda, pero la oscuridad no. Un simple rayo de luz rasga las tinieblas e ilumina la superficie donde termina el haz de luz. ¿Cómo se puede saber qué tan oscuro es un espacio determinado? En base a la cantidad de luz presente en ese espacio, ¿no es así profesor? Oscuridad es el término que se usa para describir la *ausencia de luz.*

El estudiante concluyó su intervención diciendo:

—Tercero, dígame profesor, ¿existe el mal?

—¡Por supuesto que existe, como lo mencioné al principio! —respondió—. Vemos crímenes, violaciones, robos y violencia en todo el mundo, todo eso es el mal.

A lo que el joven contestó:

—Nuevamente usted se equivoca, señor. El mal no existe, o al menos no existe por sí mismo; el mal es simplemente *la ausencia de Dios.* Es igual a los casos anteriores que le pregunté, el mal es un término que los hombres crearon para describir la ausencia de Dios. Dios no creó el mal, el mal está en los corazones de los hombres porque ellos no tienen a Dios. No es como la fe o el amor que existen, como existen el calor y la luz. El mal es el resultado de que la humanidad no tenga a Dios presente en sus corazones, es como el frío cuando no hay calor, o la oscuridad cuando no hay luz.

Entonces el profesor, al escuchar esta explicación se sentó callado y humillado delante de sus estudiantes. El nombre de este valiente joven estudiante era *Albert Einstein.*

Para que usted reciba de Dios las respuestas que está esperando, debe creer, como Einstein, en el poder y la autoridad divina; este gran científico recibió sabiduría de parte de Dios porque él creyó y confesó su existencia. Para nosotros los cristianos no basta con creer en Él, debemos conocerlo. Dios es lo que Él dice que ES en las Escrituras. El Señor Jesús dijo en Juan 17.3: «Y esta es la vida eterna: que te CONOZCAN a ti, el único Dios verdadero, y a Jesucristo, a quien has enviado» (mayúsculas agregadas por el autor). Y, ¿cómo podemos conocerle? ¡Estudiando las Escrituras! Es allí donde recibirá fe para recibir la respuesta que busca, pues Romanos 10.17 afirma: «Así que la fe es por el OÍR, y el OÍR por la palabra de Dios» (mayúsculas añadidas por el autor). Cuanto más tiempo invierta leyendo, estudiando y confesando la Palabra, más fe y conocimiento tendrá. Si usted viene a Él humildemente, como David, Él escuchará su oración y le contestará, pues el salmo 27.7 dice: «Oye, oh Jehová mi voz con que a ti clamo; ten misericordia de mi, y respóndeme». La naturaleza de Dios es contestar, si usted lo busca, claro. Todo niño que desea algo les pide a sus padres, nosotros tenemos a nuestro Padre celestial.

La respuesta a sus inquietudes y preguntas personales

Juan 8.32 Cristo declaró: «Y *conoceréis* la verdad, y la verdad os hará libres» (énfasis añadido por el autor). *Conoceréis* en griego es *ginosko*, comparable con *prognosis*, *gnómico* y *gnomon*, quiere decir «percibir, entender, reconocer, ganar conocimiento, darse cuenta y llegar a conocer». *Ginosko* es el CONOCIMIENTO que tiene principio, desarrollo y un logro. Es el reconocimiento de la verdad por experiencia personal. Esto es exactamente lo que ha sucedido con todos los cristianos nacidos de nuevo, hemos tenido un «principio» de fe en nuestra conversión, hemos recibido un «desarrollo» de nuestra fe conforme el tiempo ha transcurrido y hemos sido discipulados, hemos obtenido grandes «logros» al conocerlo con una fe más profunda, después de tantas «experiencias personales» que hemos tenido con Él. La respuesta a sus inquietudes y preguntas personales vendrá a la medida que usted LO conozca cada día, cuanto más intimidad tenga con Dios en oración, más conocimiento tendrá de Él. Dios conoce su corazón así como sus peticiones personales, acérquese y empiece a conocerlo por medio de una oración sincera, humilde en la que exponga sus preguntas y deseos.

Durante los primeros treinta y uno capítulos del libro de Job, él intentó justificarse delante de Dios mientras que sus amigos Elifaz el temanita, Bilbad el suhita y Zofar el naamatita, intentaron persuadirlo para que reconociera su falta en medio de su aflicción; pero Eliú, hijo de Baraquel, el buzita, de la familia de Ram, el más joven de ellos, durante los capítulos 32 al 37 contradice a los amigos de Job y también condena al mismo Job por intentar justificase a sí mismo más que a Dios. Eliú entonces habla contra la soberbia, proclama la justicia de Dios, su bondadosa majestad; entonces el Señor, del capítulo 38 al 41, responde a Job y le revela su omnipotencia, poder y autoridad, así como su control absoluto sobre los elementos de la naturaleza. Job 38.1 afirma: «Entonces respondió Jehová a Job desde un torbellino, y dijo». Finalmente, en el capítulo 42.1, 2 Job reconoce sus límites y su pequeñez, que hablaba de lo que no entendía, se humilla en arrepentimiento y dice: «Respondió Job a Jehová, y dijo: Yo conozco que todo lo puedes, y que no hay pensamiento que se esconda de ti». Lea Job 42.3-6. Dios contestó personalmente a Job sus inquietudes y preguntas en cuanto a su carácter y Job reconoció cuánto dependía de Él, admitió que solamente era polvo y olvido delante del Altísimo. Dios le dio una demostración de su majestad. Él es omnipotente (tiene todo el poder, por tanto todo lo puede), es omnipresente (está en todo lugar al mismo tiempo), es omnisciente (conoce todas las cosas), es omnividente, (ve todas las cosas).

El salmo 19.1 anuncia el poderío del Señor: «Los cielos cuentan la GLORIA de Dios, y el firmamento anuncia la obra de sus manos» (mayúsculas agregadas por el autor). Creó el cielo, la tierra y los océanos, ¿usted cree que es poderoso como para contestar sus peticiones, mover su mano y traerle la respuesta divina que tanto espera? El Dr.

Robert Jastrow es uno de los científicos más respetados mundialmente, es el fundador y director de la NASA, también es director del Instituto Mount Wilson y autor del libro *God and the Astronomers* [Dios y los astrónomos], él afirma que la evidencia de la existencia de Dios se encuentra por todas partes, dice que las teorías actuales sobre la naturaleza del universo apuntan a SU existencia, pero también que a la mayoría de los científicos no les gusta el hecho de la existencia de Dios y se sienten incómodos cuando son confrontados con este tema. Sin embargo, el doctor cree que la existencia del Todopoderoso no puede ser negada ni evitada, afirma que la evidencia de la creación apunta a un solo acto creativo, ejecutado por un poder o fuerza inimaginable. Este acto creativo, poder y fuerza, es Dios, dice él quien cree y afirma que Dios tiene que ser la fuerza que originó los movimientos giratorios de la tierra. En vez de aceptar las implicaciones de la creación de Dios en el universo, dice el Dr. Jastrow, los científicos tratan de ignorarlas al añadir sus «teorías absurdas y contradictorias entre ellos mismos». El doctor cree en un Dios personal que creó todas las cosas que hoy vemos y aún las que no vemos.

Quizá usted no cree en Cristo y si acaso está enfrentando dudas en relación con la existencia de Dios, todo lo que tiene que hacer es arrodillarse y, como David, orar el salmo 4.1a: «Respóndeme cuando clamo, oh Dios». Hay situaciones en que sólo DIOS podrá ayudarle, por lo que debe creer en Él. En oración usted puede exponerle sus inquietudes, pídale revelación, ¡Él lo hará! ¡Él responderá! Nosotros los cristianos que le conocemos, también esperamos su divina respuesta, el salmo 102.1, 2 expresa la oración de un corazón atribulado en búsqueda de aliento: «Jehová escucha mi oración, y llegue a ti mi clamor. No escondas de mí tu rostro en el día de mi angustia; inclina a mí tu oído; apresúrate a responderme el día que te invocare». Él jamás se esconderá de usted o de mí, en nuestra angustia estará a nuestro lado y nos contestará. Usted tiene que aferrarse a la Palabra de Dios y esperar en el Señor creyendo que lo que Él dijo se cumplirá, ya que no es hombre para mentir u olvidarse de sus peticiones, le traerá la respuesta que usted necesita. El salmo 130.5 lo confirma: «Esperé yo a Jehová, esperó mi alma; en su palabra he esperado».

En 1937 fue construido el puente Golden Gate, en San Francisco, California; tuvo un costo de 77 millones de dólares y fue hecho en dos etapas, la primera, de manera muy lenta; la segunda, rápidamente. En la primera fase, veintitrés hombres cayeron y murieron, por lo que la obra fue interrumpida, ya que los trabajadores tuvieron miedo de caer, alguien tuvo una gran idea muy brillante: «¡Necesitamos poner una red de protección debajo de los trabajadores!» La idea fue aceptada por los jefes, quienes sabían que esto evitaría la muerte de algún otro trabajador que cayera del puente; con una inversión de 100 mil dólares, fue hecha la red de protección jamás vista para construir un puente. Durante la segunda fase diez hombres fueron salvos por la red, al caer del puente. El trabajo se hizo veinticinco por ciento más rápido porque los trabajadores laboraban sin miedo, pues la red estaba allí para sostenerles en caso de caer. Esto es exactamente lo que usted y yo necesitamos para recibir la respuesta que esperamos.

Precisamos de esta «red» de fe que es Cristo Jesús, y de saber que Él es nuestra protección en caso que flaqueemos en la dura etapa de la espera para recibir la respuesta, Él es nuestra «red», que está allí en caso de que el desánimo invada nuestras vidas. No necesitamos temer, pues sabemos que Cristo, con sus manos extendidas nos amparará en caso que se debilite nuestra fe y «caigamos» en la tentación de «murmurar» cuando la espera sea larga y la respuesta demore. Espere la respuesta a sus preguntas e inquietudes en fe y ciertamente la mano de Dios se moverá a su favor para traerle lo que usted desea.

La respuesta a sus sueños y proyectos profesionales

Lucas 5.22 nos dice: «Jesús entonces, *conociendo* los pensamientos de ellos» (énfasis añadido por el autor). La palabra *conociendo* en griego es *epiginosko* y la palabra *gnosis* es el sustantivo «conocimiento»; *ginosko* es el verbo «conocer». *Epignosko* es «conocer plenamente, conocer con un grado de totalidad y competencia, estar familiarizado mediante el discernimiento y reconocimiento plenos». Usted debe buscar la sabiduría de Dios al recibir la respuesta divina a sus proyectos profesionales y «conocer» su perfecta voluntad en relación con su carrera profesional y el trabajo que tanto sueña obtener. Usted debe buscar su dirección para saber qué «estudiar» y «prepararse» para trabajar en lo que usted desea; Él sabe lo que es mejor para usted. Usted debe saber «totalmente», sin riesgo ni duda lo que Él ha decidido para su vida profesional, en caso de que quiera vivir en el centro de su voluntad; debe ser «competente» y «discernir» las oportunidades que se le presenten y «reconocer» que Dios le está dando la oportunidad de trabajar donde Él desea para que usted sea luz donde esté.

El salmo 13.3a pide: «Mira, respóndeme, oh Jehová Dios mío; alumbra mis ojos». Pida al Señor que le alumbre sus ojos espirituales para que pueda ver y discernir lo que Él tiene para usted. Pídale que abra sus ojos para aprovechar las oportunidades que Él le concede para trabajar profesionalmente en lo que ya tiene predispuesto, que le conteste trayéndole la respuesta que tanto usted desea y busca. Anteriormente, en el capítulo 5, hablamos sobre la fe que mueve la mano de Dios al traer la guía divina a su vida, hay un apartado extenso sobre la «guía en su trabajo secular» y se menciona una lista de algunos trabajos que desempeñan algunos cristianos. Solamente espere en Él. El salmo 62.5, 8 dice: «Alma mía, en Dios solamente reposa, porque de él es mi esperanza. ESPERAD en él todo el tiempo… derramad delante de él vuestro corazón» (mayúsculas añadidas por el autor). Repose su corazón en el Señor, tenga fe, espere en Él, pero espere TODO el tiempo que sea necesario… Derrame su alma en su presencia, hágale sus peticiones. Tal vez usted ora como el salmista, que parecía desfallecer y cuya paciencia se agotaba de tanto esperar; él dijo en el salmo 143.7: «Respóndeme PRONTO, oh Jehová, porque DESMAYA mi espíritu; no escondas de mí tu rostro» (mayúsculas agregadas por el autor). Dios conoce nuestros límites, Él sabe hasta dónde podemos llegar y no permitirá que suframos por la espera ni que seamos probados más allá de nuestra fuerza, tenga la certeza que Él le contestará, porque el mismo salmista sabía que Dios sí contestaba las oraciones de aquellos que le buscaban, en el salmo 99.8a lo confirma: «Jehová Dios nuestro, TÚ LES RESPONDÍAS» (mayúsculas añadidas por el autor). La promesa de Dios es responder en su tiempo.

Cierto día, un hombre de negocios experimentó un colapso financiero, recurrió a un amigo suyo, cristiano, para desahogarse y le contó sus problemas, el creyente le dijo:

—Lo que necesitas es una dosis de 46.10.

—Cuarenta y seis diez, ¿Qué es eso? —preguntó el hombre de negocios, ya que esto era algo nuevo para él, conocía lo que era una pistola .357 y una .38, calibres letales.

En vez de darle una respuesta directa, el amigo cristiano le dijo que le enviaría algo para que él pudiera entender. Días más tarde, el hombre de negocios recibió por correo un sobre, cuando lo abrió vio una placa de madera, que por un lado tenía una inscripción grabada con los números 46.10 y por el otro lado, el siguiente mensaje: «Estad quietos, y conoced que yo soy Dios», Salmo 46.10. El hombre exclamó:

—Ah, ¡esto es el tal 46.10!

Esto es lo que usted necesita cuando está esperando la respuesta de Dios para su vida profesional, para el trabajo que usted tanto ha soñado poseer, una dosis de 46.10. Una versión de la Biblia traduce verbosa expresión «estar quietos» como «dejar de luchar por esfuerzo propio»; la raíz de la palabra hebrea «quieto» significa «dejar caer sus manos y rendirse». ¿Qué le sucedería a un boxeador si dejara caer sus manos? o a usted si fuera a caerse, ¿cuál es la manera instintiva en que sus manos reaccionan? Para Dios es todo lo contrario, pues Él esta allí para «agarrarlo, sostenerlo, sustentarlo, protegerlo», para ser su «escudo» y «defensa». Cuando usted crea de esta manera, Él responderá sus oraciones en su carrera profesional y su corazón dejará de palpitar a toda velocidad, su presión arterial se normalizará y sus manos sudorosas se secarán. Reciba ahora mismo una dosis de 46.10 y aquiétese esperando en Él, pues el salmo 27.14 aconseja: «Aguarda a Jehová; esfuérzate, y aliéntese tu corazón; sí, espera a Jehová». Recuerde: «Cuando todo está en silencio y todavía no hay respuesta, es porque Dios está trabajando»; nuevamente Isaías 25.9 nos alienta: «Y se dirá en aquel día: He aquí, éste es nuestro Dios, le hemos esperado, y nos salvará; éste es Jehová a quien hemos esperado, nos gozaremos y nos alegraremos en su salvación». ¡Su día va a llegar! Es difícil esperar, lo sé, pero no hay otra manera. Es una de sus formas de madurarnos y hacernos crecer en Él, pues tenemos su promesa en el salmo 86.6, 7: «Escucha, oh Jehová mi oración, y está atento a la voz de mis ruegos. En el día de mi angustia te llamaré, porque TÚ ME RESPONDES» (mayúsculas agregadas por el autor). Tenemos la certeza que Él nos escucha, atiende y RESPONDE. Esté firme en la roca y la mano de Dios se moverá a su favor trayéndole la respuesta que usted tanto espera. ¡Aliente su corazón!

La respuesta a sus expectativas ministeriales

Miqueas 7.7 dice: «Mas yo a Jehová miraré, *esperaré* al Dios de mi salvación; el Dios mío me oirá» (énfasis hecho por el autor). La palabra *esperaré* en hebreo es *yachal* que quiere decir «aguardar, tardarse, confiar, expectativa, ser paciente y anticipar». *Yachal* aparece treinta y ocho veces en el Antiguo Testamento, la primera vez en Génesis 8.10 en el relato de la «espera» de Noé, desde que soltó por primera vez la paloma, hasta que la envió de nuevo, siete días después. Con frecuencia, *yachal* se traduce en muchos salmos como esperanza; la forma correcta de confiar y aguardar en el Señor es esperar firmemente en su misericordia, su salvación y su rescate. Mientras esperamos no debemos tomar las cosas en nuestras propias manos. Dice la Escritura que debemos esperar en Él. El profeta Miqueas, siervo del Señor, dijo que él «esperaría» en la salvación de Jehová, pues estaba seguro de que Dios lo escucharía y respondería. De la misma forma nosotros, sus ministros, debemos creer que así será, debemos «aguardar» con paciencia y «confiar» en que Él hará todo lo que esté de acuerdo con su voluntad para contestar nuestras peticiones. En todos los ministerios, los ministros tenemos «expectativa» de crecimiento y avance en lo que Él nos ha encomendado; yo tengo muchas, pero mucha «expectativa», he orado y estoy «esperando» ya hace mucho tiempo, «pacientemente» aguardo, cada día estoy «anticipando» que llegará el momento en que Él me responderá y concederá los deseos de mi corazón en relación con el ministerio evangelístico que tenemos.

Cuando fui misionero de JUCUM en Madrid, España, en 1983 y 1984, yo derramaba mi alma en oración delante del Señor y cantaba la linda canción del grupo Maranatha, que dice: «Escucha Señor mi oración, considera mis pensamientos, atiende a la voz de mi clamor, mi Dios y mi Rey, porque a ti clamaré, oirás mi voz de mañana… Oh Dios de mañana, me presentaré, ante ti y ESPERARÉ» (mayúsculas agregadas por el autor). Cómo me fortalecía esta canción mientras oraba y «esperaba» que Dios «supliera» mis necesidades allá, tan lejos de mi nación, apenas con veinte años de edad. ¡Él es fiel! ¡Alabado sea su nombre! ¡Él jamás ha fallado! Oh Dios, cuantas experiencias he tenido contigo… Yo oraba como el profeta Elías, siervo del Señor: «Respóndeme, Jehová, respóndeme, para que conozca este pueblo que tú, oh Jehová, eres Dios» (1 Reyes 18.37a). Ante cada circunstancia será una respuesta distinta la que Él traerá a nuestros ministerios, pues sabe lo que usted está enfrentando y le contestará de gran manera; el salmo 65.5a afirma: «Con tremendas cosas nos RESPONDERÁS TÚ en justicia» (mayúsculas añadidas por el autor). Dios hará grandes cosas con usted. Si las ha hecho conmigo durante todos estos largos años, lo hará con usted también; espere con fe, pues el profeta Habacuc, siervo de Jehová dijo: «Aunque la visión tardará aún por un tiempo, mas se apresura hacia el fin, y no mentirá; aunque tardare, ESPÉRALO, porque sin duda vendrá, no tardará» (Habacuc 2.3, mayúsculas agregadas por el autor). Dios nos ha dado tanto a usted como a mí la visión y el llamado de nuestro ministerio. Por lo tanto, Él cumplirá lo que ha dicho, aunque pasen los años y no veamos el cumplimiento de la Palabra que nos dio, ESPERE, pues ciertamente, la respuesta vendrá. Este es el proceso que Dios usa para llevarnos al nivel que Él quiere.

Cierto ministro una vez visitó una fábrica donde se producía valiosa y delicada porcelana, lo que más le despertó curiosidad fue la pintura hecha en las piezas antes de que entrasen al horno. La preciosa porcelana ya había pasado por varios procesos diferentes y ahora estaba en las manos de un hábil artista que la decoraba con distintos colores. El predicador notó que gran cantidad de pintura negra estaba siendo usada, entonces preguntó al artista por qué usaba tanto el color negro, ya que así la pieza no parecía tan bella; el diestro artista le respondió que lo que entonces era negro, sería color oro brillante después de salir del horno caliente. Usted y yo, ministros del Señor, somos como esta delicada porcelana, quizá ahora, en el momento de la prueba y del fuego de las tribulaciones no podemos ver la respuesta, estamos dentro del horno de la «preparación» donde el «hábil Maestro», Jesucristo está quitando todas las impurezas de nuestra valiosa pieza ministerial. El tiempo de la espera podrá ser «negro» y largo, pero es necesario pasar por el horno, así saldremos como «oro» y seremos «refinados», como dice la Escritura en 1 Pedro 1.6-9: «En lo cual vosotros (usted y yo, ministros) os alegráis, aunque ahora por un poco de tiempo, SI ES NECESARIO, tengáis que ser afligidos en diversas pruebas, para que sometida a PRUEBA vuestra FE, mucho más preciosa que el ORO, el cual aunque perecedero se PRUEBA CON FUEGO, sea hallada en alabanza, gloria y honra cuando sea manifestado Jesucristo, a quien amáis sin haberle visto, en quien creyendo, aunque ahora no lo veáis, os alegráis con gozo inefable y glorioso; obteniendo el fin de vuestra FE, que es la salvación de vuestras almas» (interpretación y mayúsculas agregadas por el autor).

Usted y yo somos ese «oro», en sentido espiritual, que Dios está preparando para ser usados aún más de lo que hasta ahora Él nos ha usado. Es necesario pasar por el fuego de la espera, allí es probada la fe de los verdaderos ministros; es en el fuego de la espera de la respuesta que tanto deseamos donde muchos ministros desisten y abandonan el ministerio; de haber perseverado, ellos habrían vencido, por esto debemos fortalecernos unos a otros en comunión ministerial y orar unos por otros con humildad, dejando la envidia y el celo ministerial atrás, sabiendo que somos compañeros y amigos en el ministerio y esperar la respuesta juntos, en armonía, como dice Jeremías 23.35: «Así diréis cada cual a su COMPAÑERO, y cada cual a su HERMANO (ministro): ¿Qué ha respondido Jehová, y qué habló Jehová?» (mayúsculas e interpretación añadidas por el autor). Debemos vivir unidos, como los apóstoles esperaban el derramamiento del Espíritu Santo, unánimes en el aposento alto (Hechos 2.1-13); en oración, debemos alegrarnos cuando Dios bendice y contesta a un compañero ministerial, aunque nosotros mismos estemos esperando lo mismo.

Por otro lado, en el área privada de nuestras oraciones, el salmo 37.7 advierte: «Guarda silencio ante Jehová, y ESPERA en él» (mayúsculas agregadas por el autor). La respuesta de Dios a lo que esperamos vendrá a nuestro ministerio. ¡Aguarde! La promesa divina es que Él contestará, aún antes de pedir, ya Isaías 65.24 nos alienta: «Y antes que clamen, RESPONDERÉ yo; mientras aún hablan (oren), yo habré oído» (mayúsculas e interpretación puestas por el autor). Por fe, Dios nos contestará, su mano se moverá a nuestro favor y traerá respuesta a las EXPECTATIVAS que tanto deseamos; podrá tardar, pero llegará cuando menos esperemos, Dios nos dará la sorpresa de su respuesta y nos alegraremos en Él. Ministros, alienten sus corazones, ánimo, esperen en Él.

La fe que mueve la mano de Dios para la respuesta

El salmo 31.15a nos conforta diciendo: «*En tu mano* están mis tiempos» (énfasis hecho por el autor). Si nuestros «tiempos», la duración de nuestra vida, están en la «mano» del Señor, entonces Él, en su tiempo nos responderá. Por fe, la poderosa mano del Dios fiel se moverá para dar, sea la RESPUESTA a inquietudes y preguntas personales, a sueños y proyectos profesionales, o a expectativas ministeriales. ¡Él traerá su respuesta!, de esto podemos estar seguros. Lamentaciones 3.25, 26 nos dice: «Bueno es Jehová a los que en él *esperan*, al alma que le busca. Bueno es esperar en silencio la salvación de Jehová» (énfasis agregado por el autor). La palabra *esperar* en hebreo es *qavah*, «aguardar, buscar, expectativa y esperanza», este verbo aparece aproximadamente cincuenta veces en la Escritura. *Qavah* es la raíz del sustantivo *tiqvah*, que quiere decir «esperanza o expectativa», expresa la idea de «aguardar lleno de esperanza». Si esperamos en Él, vendrá su salvación, la respuesta. Esperar en «silencio, en calma, en intimidad espiritual y en oración con el Señor», debemos mantener la «EXPECTATIVA» de que cosas buenas, maravillosas vendrán a nosotros en todas las áreas de nuestra vida. Con un corazón lleno de «esperanza» debemos «aguardar», porque para Dios todo tiene un tiempo, y su tiempo es perfecto para todas las cosas. ¡Él no se equivoca! El sabio Salomón lo dijo en Proverbios 16.1: «Del hombre son las disposiciones del corazón; mas de Jehová es la RESPUESTA de la lengua» (mayúsculas añadidas por el autor). Usted y yo podremos tener planes en nuestro corazón, pero todos los proyectos deben estar de acuerdo con la voluntad divina, porque sólo Él nos puede dar SU RESPUESTA. No solamente «la» respuesta o «una» respuesta, sino SU respuesta.

El Reverendo Charles Spurgeon, llamado «el príncipe de los predicadores», nos cuenta una experiencia que tuvo cuando visitó a una hermana que estaba muy debilitada en su vida cristiana. En el pasado ella había tenido una fe basada en Cristo, pero ahora se sentía muy desanimada y derrotada espiritualmente. Al visitarla, ella dijo: «Mi fe se acabó. Yo no siento nada más en mi corazón por Cristo y creo que ya no lo amo, Él ya no contesta mis oraciones, me siento sin esperanza y no tengo expectativa ninguna para el futuro en mi vida». Spurgeon, que era un hombre sabio, no discutió con ella, tomó una hoja de papel y escribió: «Yo no amo más al Señor Jesús», se le dio a la mujer y le dijo: «Firme su nombre debajo de esta frase». Al leer las palabras, la señora empezó a llorar y dijo: «Esto no es verdad, no voy firmar tal cosa, romperé este pedazo de papel». El reverendo le preguntó: «Bueno, ¿no dijo que ya no lo amaba?» Ella contestó entre sollozos «Sí... pero yo no puedo firmar esto». Spurgeon le dijo: «Entonces creo que a pesar de todo usted le sigue amando, ¿no es así?» «Sí, sí», exclamó la hermana con lágrimas: «Ahora me doy cuenta que sí lo amo; Cristo sabe que lo amo, perdón Señor... perdón mi Salvador... sí yo te amo... te amo». Lo que pasaba con esta señora, era que su vida espiritual se había deteriorado, enfriado, secado con el pasar del tiempo. Ya sus oraciones no eran contestadas porque ella no estaba viviendo una vida de comunión e intimidad con el Señor, por eso no había respuesta. Sus convicciones cristianas fueron disminuyendo hasta llegar a este punto. Es allí donde el enemigo se aprovecha de la situación, cuando usted está frío, desanimado y derrotado espiritualmente, para que usted entonces niegue la fe y diga cosas que no provienen de su corazón, sino de la situación de la cual está viviendo. Examine su condición espiritual, pregúntese a sí mismo por qué Dios aún no le ha contestado, si la razón es parecida a la de la historia antes narrada, cambie y vuelva a Él; si no lo es, si su vida espiritual está bien con Dios, entonces aún no es tiempo de que Él le conteste, le está probando para que madure. Espere en Él, ciertamente el Señor le contestará. Crea en lo que está escrito en Hebreos 10.23, es para usted y para mí: «Mantengamos firme, sin fluctuar, la profesión de nuestra esperanza, porque fiel es el que prometió». Por fe crea que Él moverá su mano y traerá la respuesta a su vida. ¡Así será!

Capítulo 9

La fe que trae la victoria divina a su vida

«Y extendió Jehová su mano y tocó mi boca, y me dijo Jehová: He aquí he puesto mis palabras en tu boca» (Jeremías 1.9).

Jesús habló en Juan 15.26 sobre el Espíritu Santo: «Pero cuando venga el *Consolador*, a quien yo os enviaré del padre, el Espíritu de verdad, el cual procede del Padre, él dará testimonio acerca de mi» (énfasis hecho por el autor). La palabra *consolador* en griego es *parakletos*, palabra compuesta por los vocablos *para*, «junto a» y *kaleo*, «llamar»; de ahí surge el concepto «llamado a estar a nuestro lado». La palabra identifica a un «intercesor, confortador, ayudador, abogado, consejero». En textos NO bíblicos, *parakletos* se refiere a un abogado que acude a la corte en representación de otra persona; en sentido espiritual, particularmente en ESTE versículo, representa al Espíritu Santo que guía y ayuda a los creyentes a una mayor comprensión de las verdades del evangelio. Además de «ayuda y guía», nos da «fortaleza» y nos lleva a la VICTORIA, soportando la hostilidad de los sistemas humanos en contra del evangelio. Observe que la palabra *Consolador* está escrita en el versículo con mayúscula inicial, porque se trata de la tercera persona de la Trinidad, el Dios Espíritu Santo, 1 Juan 5.7 nos dice: «Porque TRES son los que dan testimonio en el cielo: el Padre, el Verbo (el Hijo Jesucristo) y el Espíritu Santo; y estos TRES SON UNO» (interpretación y mayúsculas agregadas por el autor). Es como el agua, que tiene tres estados: sólido, líquido y gaseoso. El evangelio de Juan habla de Jesús como el Verbo, esto se comprueba al inicio, 1.1: «En el principio era el Verbo (el Hijo Jesucristo), y el Verbo era con Dios, y el Verbo era Dios» (interpretación hecha por el autor). En este orden establecido por Dios, después de que Cristo ascendió al cielo, el poder del Espíritu Santo es nuestro «ayudador», es quien está de nuestro «lado», es quien nos «representa, conforta, aconseja» y nos guía a la VICTORIA en nuestra vida. Dios creó todas las cosas, Cristo llevó a cabo el plan de la redención, y ahora el Espíritu Santo es SU representante en la tierra, vive y mora en nosotros los creyentes, nos hace obtener victorias diariamente. La santísima Trinidad nos llamó a ganar, a vencer, por lo que usted es un vencedor, nació para triunfar. El Espíritu Santo le guiará y le llevará a la victoria paso a paso, diariamente, ya que es un proceso lento, arduo y desafiante.

Pero para obtener la victoria es necesaria la tan difícil «paciencia». Tenemos que esperar en fe a que ella llegue a su debido tiempo. El

Salmo 40.1 dice: «PACIENTEMENTE esperé a Jehová y se inclinó a mí, y oyó mi clamor» (mayúsculas añadidas por el autor). No hay que ser un agricultor para saber que una buena cosecha requiere una buena semilla, buen abono y riego constante; también es obvio que quien cultiva la tierra, no se para IMPACIENTE frente a la semilla sembrada y grita con todas sus fuerzas: ¡Crece, vamos… crece…! Hay algo muy curioso que sucede con el bambú japonés y que lo transforma en algo no apto para IMPACIENTES. El sembrador de bambú, echa la semilla, la abona y la riega diariamente… Durante los primeros meses no se aprecia absolutamente nada sobre la tierra; en realidad no pasa nada con la semilla durante los PRIMEROS SIETE AÑOS. Un cultivador inexperto pensaría que compró semillas infértiles, sin embargo, durante el séptimo año, en un periodo de sólo seis semanas la planta de bambú crece ¡más de treinta metros de altura! Usted se preguntará: ¿Tardó seis semanas en crecer? La respuesta es ¡NO! La verdad es que su desarrollo tomó SIETE AÑOS y seis semanas. Durante los SIETE AÑOS DE APARENTE INACTIVIDAD, este bambú generó un complejo sistema de raíces que permitirían sostener el crecimiento que iba a tener después de SIETE AÑOS. Sin embargo, en nuestra vida cotidiana, tratamos de encontrar soluciones rápidas y triunfos apresurados sin entender que el éxito es simplemente el resultado del crecimiento interno y que éste REQUIERE TIEMPO.

La victoria demanda tiempo de nuestra parte, quizá es por impaciencia que muchos de aquellos que aspiran resultados a corto plazo abandonan todo súbitamente, justo cuando ya estaban a punto de conquistar la meta. Es difícil tratar de convencer al IMPACIENTE de luchar en forma PERSEVERANTE y saber esperar el momento adecuado hasta recibir la VICTORIA; de igual manera, es necesario entender que en muchas ocasiones estaremos enfrentando situaciones en las que creemos que NADA ESTÁ SUCEDIENDO. Esto ya lo he vivido y en este momento estoy esperando la VICTORIA que simplemente no llega; debo decirle que esto es extremadamente frustrante. En esos momentos QUE TODOS EXPERIMENTAMOS es bueno recordar el ciclo de maduración del bambú japonés. Tenemos que aceptar que mientras no bajemos los brazos ni dejemos de perseverar en nuestra meta, aunque no «VEAMOS» la victoria que esperamos, sí está sucediendo algo dentro de nosotros: «¡Dios nos está madurando para crecer y nos está haciendo crecer para madurar!» Espere la victoria, ella vendrá. Usted tendrá que estar listo y maduro para cuando llegue. El triunfo no es más que un proceso que lleva tiempo, dedicación y demanda el aprendizaje de nuevos hábitos, nos obliga a eliminar algunas costumbres para alcanzar la victoria. Es un largo proceso que exige cambios, acción y formidable dote de PACIENCIA; la perseverancia lo llevará al triunfo. Por fe, la mano de Dios se moverá a su favor para que obtenga la VICTORIA.

El salmo 31.24 nos dice, en cuanto a la perseverancia: «Esforzaos todos vosotros los que esperáis en Jehová, y tome aliento vuestro corazón». Cierta vez el propietario de una antigua mina construyó un túnel de casi mil metros en dirección al área en la que él creía que podía encontrar oro, invirtió 100 mil dólares, después de año y medio de trabajo desistió, lamentando el fracaso en el intento de encontrar oro en la vieja mina. Vendió la mina a otra compañía que decidió continuar la excavación desde el punto donde el propietario anterior había llegado; después de un poco de esfuerzo, el nuevo dueño encontró el precioso y codiciado oro a apenas noventa centímetros de distancia de donde el anterior dueño se había quedado. Este hombre se esforzó, compró la mina con la esperanza de encontrar lo que deseaba, tomó aliento y siguió la excavación; en cierta manera tuvo fe en que alcanzaría su objetivo. La perseverancia hizo que este hombre alcanzara la VICTORIA y lo hizo millonario instantáneamente. Cuánto más nosotros, los cristianos, debemos perseverar en Cristo hasta alcanzar la victoria. Joel C. Gregory escribió: «Cuántas veces nosotros llegamos al límite, al final de nuestras fuerzas y de nuestros propios recursos cuando intentamos llegar a la VICTORIA por nosotros mismos. Intentamos todo y después vamos a Dios con confianza, al único recurso infalible que poseemos; cuando debimos haber acudido a Él primero y no depender de nuestras habilidades. Cuando nuestra fe es débil frente a una gran necesidad, prueba, lucha o tribulación, buscamos el socorro de alguien que esté cerca, especialmente de la familia; después vamos con un amigo cercano; posteriormente acudimos al pastor o al líder espiritual, pero después, cuando todo falla y no hay VICTORIA entonces, sólo entonces nos acordamos del Señor». Nuestra perseverancia y fe debe estar solamente en Él, aunque podemos recibir ayuda de los demás, pero la VICTORIA viene de Él. Recuerde y nunca olvide lo que dice Proverbios 21.31: «El caballo se alista para el día de la batalla; MAS JEHOVÁ ES EL QUE DA LA VICTORIA» (mayúsculas agregadas por el autor).

La victoria en su vida personal

Isaías 28.12 dice: «A los cuales él dijo: Este es el *reposo*; dad reposo al cansado; y este es el refrigerio» (énfasis hecho por el autor). La palabra *reposo* en hebreo es *menuchah*, que significa «lugar de descanso, lugar de quietud, consolación y paz». *Menuchah* proviene de *nuach*, verbo que significa «descansar, calmar, asentarse y alivio». Debido a que los padres de Noé previeron que su vida sería placentera (ver Génesis 5.29), le llamaron Noé, que viene de esta raíz. *Menuchah* denota «gran alivio, paz y seguridad», como en el salmo 23.2: «Junto a aguas de *manuchad*, REPOSO me pastoreará» (palabra hebrea añadida por el autor). Nuestra VICTORIA personal reside en la habilidad de confiar en Él en total «reposo», en «quietud» está nuestra alma y nosotros estamos en «descanso» porque alcanzaremos la VICTORIA, ya que tenemos plena confianza en SU PALABRA. La VICTORIA llegará como «consuelo» a nuestros pedidos, ruegos y plegarias, nos traerá la «paz» que tanto deseamos. Cuando «descansamos» en sus promesas, que no fallan, podremos obtener la «calma» y el «alivio» que buscamos al obtener VICTORIA. Nuestra «seguridad» está puesta en Él. Usted debe estar seguro que lo escrito en Mateo 21.22 es para usted: «Y todo lo que pidieres en oración, CREYENDO, lo recibiréis» (mayúsculas añadidas por el autor). Solamente «descanse» en Él, como los israelitas que buscaban un lugar para descansar, para ser aliviados del terrible desierto, como dice en Números 10.33: «Así partieron del monte de Jehová camino de tres días; y el arca del pacto de Jehová fue delante de ellos camino de tres días, buscándoles lugar de DESCANSO» (mayúsculas agregadas por el autor). Usted ya tiene un pacto con Dios por medio de la sangre de Cristo, ya no necesita «andar» buscando un lugar «físico» de descanso; no importa donde esté, es ESPIRITUAL; es el estado de su corazón y su relación con Dios lo que traerá VICTORIA a su vida, no importa lo que esté esperando. Usted podrá hacer de Cristo su «reposo», lo que Dios hizo de Sion cuando la escogió como lugar de descanso, en el salmo 132.14: «Este es para siempre el lugar de mi REPOSO; aquí habitaré, porque la he querido» (mayúsculas añadidas por el autor). Dios escogió a Sion como su lugar de «reposo», nosotros hemos escogido a Cristo como nuestro lugar eterno de «reposo»; «habitamos, vivimos» en Él porque hemos «querido» que Él sea nuestro Señor y Salvador para siempre. ¡Aleluya! Repose, descanse en Él y su VICTORIA vendrá. Recuerde lo que dice Isaías 30.15: «Porque así dijo Jehová el Señor, el Santo de Israel: En descanso y en REPOSO seréis salvos, en quietud y en confianza será vuestra fortaleza» (mayúsculas agregadas por el autor).

Cuando en Estados Unidos estaba en pleno apogeo el viejo oeste, un viajero llegó a Mississippi, descubrió que no había puente alguno por el que pudiera cruzar el río, lo bueno es que era invierno y el río estaba cubierto de una capa muy espesa de hielo; el hombre tuvo miedo de atravesarlo porque no sabía si la espesura del hielo en la superficie era lo suficiente para soportar su peso; como no tenía otra opción, empezó a arrastrarse de rodillas, lentamente, con mucha precaución y cuando llegó a la mitad del camino, escuchó a alguien cantando atrás de él. Con mucho cuidado giró su cuerpo para ver de dónde provenía la canción y vio una carroza con gran carga de carbón llevada por cuatro caballos sobre el hielo, el conductor cantaba alegre y completamente despreocupado, porque ya había pasado por allí varias veces y sabía que el hielo soportaría el peso. Amados lectores, este hombre venía en completo reposo, silbando y cantando. Esto es lo que la palabra «descansar» significa: ¡Confianza! Él sabía que el hielo soportaría su peso; de la misma manera, nosotros sabemos que CRISTO SOPORTA todo el peso de nuestros problemas, angustias, pruebas, luchas y tribulaciones. Él conoce nuestra ansiedad para obtener VICTORIA en lo que concierne a nuestra vida personal, nuestros sueños, proyectos y deseos. Ponga el peso de su angustiado corazón en Él, espere, confíe en Él, sea fortalecido en Él y la victoria vendrá de Él. Pablo, hablando sobre alcanzar la VICTORIA dijo tres puntos esenciales en Filipenses 3.13, 14: «Hermanos, yo mismo no pretendo haberlo ya alcanzado (la victoria final de la madurez en Cristo), pero una cosa hago: olvidando ciertamente lo que queda atrás, y extendiéndome a lo que está delante, prosigo a la meta, al premio del supremo llamado de Dios en Cristo Jesús» (interpretación hecha por el autor). Aquí hay tres cosas que considerar:

1. Olvido del pasado. «Olvidando ciertamente lo que queda atrás». Lo que pasó, pasó, solamente quedan las experiencias buenas o malas para aprender de ellas, madurar, crecer y alcanzar la VICTORIA.

2. Prioridades para el presente. «Extendiéndome a lo que está delante». Ocúpese de trabajar, orar, ayunar, leer la Palabra y concéntrese en el HOY. Viva una vida recta e íntegra cada día y alcance la VICTORIA en aquello que pueda hacer HOY.

3. Alineación de metas y proyectos junto con la voluntad de Dios. «Prosigo a la meta, al premio del supremo llamado de Dios en Cristo Jesús». Allí esta la VICTORIA final y el resumen de todo, alcanzar la vida eterna, el premio final. Así que aplique estos tres principios, dispóngase a luchar hasta vencer, la VICTORIA es suya, sólo tiene que saber cómo alcanzarla. Recuerde que para usted alcanzar la VICTORIA necesita sabiduría, gente que le pueda asesorar, aconsejar y enseñar, Proverbios 24.6 garantiza: «Porque con ingenio (sabiduría, destreza) harás la guerra, y en la multitud de CONSEJEROS está la VICTORIA» (interpretación y mayúsculas agregadas por el autor). Es con perseverancia, gente capacitada y con la buena amistad de la gente que llegará a la VICTORIA.

Por más de veinte años Robert Frost fue un fracaso, tenía la costumbre de decir que solamente él y otros pocos amigos, sabían que él era un poeta, ya que escribía poemas y los editores no querían publicar sus libros; pero perseveró hasta alcanzar la VICTORIA. Tenía treinta y nueve años cuando consiguió vender su primer libro de poesías; su persistencia fue recompensada, además de enriquecer el mundo de la poesía, ganó varios premios y recibió más reconocimientos *Honoris causa* que cualquier otro hombre de letras. Cuando falleció el mundo literario lamentó su muerte y hoy su nombre está entre los mayores escritores de versos de América Latina. Sus poemas fueron publicados en más de veintidós idiomas, la edición norteamericana registra millones de ejemplares vendidos. El camino al éxito y a la VICTORIA, en cualquier área de nuestra vida no siempre es fácil y rápido. La mayoría de veces es arduo, largo y muy difícil. Sólo la determinación y perseverancia, como el poeta Frost la puede alcanzar. Cuando no vemos la VICTORIA cerca, el desánimo es una invitación a desistir, muchas veces nos sentimos rechazados, cansados, afligidos y fracasados; en estos momentos Cristo nos fortalece y motiva a continuar hacia adelante, pues ciertamente con SU AYUDA alcanzaremos el triunfo, pues la mano de Dios se moverá a nuestro favor llevándonos a la VICTORIA.

La victoria en su vida espiritual

Nehemías 8.8 dice: «Y leían en el libro de la ley de Dios claramente y ponían el sentido de modo que *entendiesen* la lectura» (énfasis hecho por el autor). *Entendiesen*, en hebreo es *bin*, que quiere decir «entender, discernir, percibir, considerar, agarrar, ser perceptivo, tener intuición». Este verbo aparece más de 165 veces en la Biblia y se refiere al proceso de la «inteligencia, percibir, discernir y entender» que poseen todos los seres humanos. *Bin* se deriva del sustantivo *binah* que significa «entendimiento». Usted debe saber que Dios quiere dejar «claramente» establecido que Él desea que usted obtenga VICTORIA en su vida espiritual. Cuando «entienda», por medio del libro de la ley, (la Biblia, la Palabra de Dios), entonces «discernirá» que Él ha planeado verle en completa VICTORIA. Debe «percibir», darse cuenta que Dios es un Dios victorioso, por lo tanto usted es un vencedor; «considere» que el diablo ya fue derrotado en la cruz del Calvario para que por medio de Cristo adquiera la VICTORIA. «Agárrese» de esta promesa que está garantizada para usted y sea «perceptivo» en cuanto al tiempo, sea paciente pues llegará la VICTORIA que tanto espera en su vida espiritual. La «intuición» espiritual es la «inteligencia» y el «entendimiento» que posee dentro de usted y que Dios puso allí para que «discierna» que el gran deseo del corazón del Padre celestial es que usted venza en todas las áreas de su vida. La vida espiritual es una lucha, espere la VICTORIA, pues ella vendrá. Daniel 10.12 dice: «Entonces me dijo: Daniel, no temas, porque desde el primer día que dispusiste tu corazón a ENTENDER y a humillarte en la presencia de tu Dios, fueron oídas tus palabras; y a causa de tus palabras he venido» (mayúsculas agregadas por el autor). Dios hizo ENTENDER a Daniel que desde el primer momento que empezó a orar y ayunar le escuchó y que la respuesta a su VICTORIA estaba en camino. Sólo tenemos que esperar, luchar y dominar las áreas espirituales que sabemos que necesitamos vencer.

En el río Niágara, estaban remolcando un pequeño barco, cuando el cabo de hierro se rompió, la fuerte corriente de agua llevaba al barco en dirección a las cataratas; cuando estuvo a punto de caer, el barco encalló en algunas rocas. Los dos hombres que estaban en el barco no fueron rescatados sino hasta el día siguiente; mientras tanto pasaron una noche de terror, pues temían que en cualquier momento el barco se fuera a la deriva. Esto ocurrió en agosto de 1918 y todavía el barco está allí, en el mismo sitio donde encalló; ambos hombres se preocuparon inútilmente, porque el barco nunca cayó. De la misma manera, hay problemas, pruebas y tribulaciones que le quitan momentáneamente el gozo de su VICTORIA. ¿Por qué tantos cristianos no experimentan el gozo de la VICTORIA en sus vidas espirituales? ¿Acaso no es el gozo uno de los frutos del Espíritu en Gálatas 5.22?

En su libro *Sonríe otra vez*, Charles Swindoll sugiere que hay tres «ladrones» del gozo, y los define:

1. La preocupación. La define como una «ansiedad excesiva» acerca de algo que puede ocurrir o no (y por lo general no ocurre… recuerde el barquito).

2. El estrés. Es «una inquietud muy intensa por una situación que no podemos cambiar ni controlar» (pero Dios sí puede…).

3. El temor. Es «una terrible inquietud» sobre el peligro, el mal o el dolor, (y aumenta nuestros problemas).

El autor dice que para resistir a los «ladrones del gozo» debemos tener la misma confianza que Pablo expresó a los creyentes en Filipos cuando les aseguró: «Estamos persuadidos de esto, que el que comenzó en vosotros la buena obra, la perfeccionará hasta el día de Jesucristo» (Filipenses 1.6).

Sea cual fuere la causa de su PREOCUPACIÓN, ESTRÉS y TEMOR, nada puede impedir que Dios continúe su obra en usted o en mí. Con esta confianza podremos empezar cada día, sabiendo que Dios tiene el CONTROL de todas las cosas y hay que dejar todo en sus manos. Por lo tanto resista a los «ladrones» del gozo que le impedirán alcanzar la VICTORIA en su vida espiritual.

Segundo de Samuel 8.6b dice: «Y Jehová dio la VICTORIA a David por dondequiera que fue» (mayúsculas agregadas por el autor). Debe saber que de la misma manera que Dios otorgaba VICTORIAS a David en su vida espiritual y personal, Él lo hará por usted; no importa el tamaño de sus pruebas, Él prometió estar a su lado.

Estudiemos las dificultades y VICTORIAS que confrontó un párroco llamado Martín Lutero en el siglo XVI, por seguir su conciencia y la revelación que Dios le había dado en relación con vivir la vida cristiana por fe y no por obras. Fue criticado, hostigado y casi asesinado en las manos de sus enemigos. Mientras los adversarios de Lutero se preparaban para destruir Wittenberg, él plasmó sus noventa y cinco tesis contra la corrupción de la iglesia de Roma. Más tarde escribió las palabras de un himno, uno de los más poderosos que jamás se haya escrito, cuya letra dice: «Castillo fuerte es nuestro Dios; defensa y buen escudo. Con su poder nos librará en este trance agudo. Con furia y con afán nos acosa Satán. Por armas deja ver astucia y gran poder, como él no hay en la tierra». Lutero fundamentó sus palabras en el salmo 46.1-3 que dice: «Dios es nuestro amparo y fortaleza, nuestro pronto auxilio en las tribulaciones. Por tanto no temeremos, aunque la tierra sea removida, y se traspasen los montes al corazón del mar; aunque bramen y se turben las aguas, y tiemblen los montes a causa de su braveza». Como a David, Dios otorgó la VICTORIA a Lutero y él llevó a cabo la reforma protestante y sacó a la iglesia de su ignorancia espiritual. Una de las cosas buenas que resultan de tiempos difíciles es que rápidamente nos despojamos de la hipocresía, de una fe superficial y con sinceridad clamamos a Dios.

Una vez un hombre y su hermana fueron a conocer las famosas cataratas del Niágara, pasaban cerca de la poderosa caída del agua, la muchacha temió que el barco sufriera algún percance y se aferró a su hermano, quien la tomó del brazo y le preguntó al capitán:

—¿Con frecuencia usted pasa por aquí?

—¡En los últimos doce años, constantemente, señor! —respondió el capitán.

—Y ¿ha sufrido algún accidente? —continuó preguntando el hombre.

—¡Nunca señor!

—¿Nunca se volcó el barco? ¿Nunca se perdió una vida?

—¡Ninguna de estas cosas ha sucedido, señor!

El hombre, mirando a su hermana que estaba tan nerviosa y temerosa, le dijo:

—Ya escuchaste lo que dijo el capitán, a menos que quieras tomar el timón y hacerlo mejor que él, debes confiar en él tal como yo lo estoy haciendo.

Esto es exactamente lo que sucede con nosotros, creemos que podemos hacer las cosas por nosotros mismos y olvidamos que Él está en control del barco de nuestras vidas espirituales. No podemos «remar», el «control» lo tiene, en todo momento, Dios en sus manos. Tenemos que confiar en Él, pues de Él proviene la VICTORIA, Sus ojos están puestos en nosotros, que tememos su nombre; esperamos en Él, pues es nuestro escudo y en Él nos alegraremos, como dice el salmo 33.18-21: «He aquí el ojo de Jehová sobre los que le temen, sobre los que esperan en su misericordia. Para librar sus almas de la muerte y para darles vida en tiempo de hambre. Nuestra alma espera a Jehová; nuestra ayuda y nuestro escudo es él. Por tanto, en él se alegrará nuestro corazón, porque en su santo nombre hemos confiado». La VICTORIA está en Él y solamente en Él… Permita que la mano de Dios se mueva por fe para traerle la VICTORIA que Él ha preparado para su vida espiritual.

La victoria en su vida ministerial

Lucas 1.23 dice: «Y cumplidos los días de su *ministerio*, se fue a casa» (énfasis hecho por el autor). *Ministerio* en griego es *leitourgia*, es comparado a «liturgia y litúrgico». Proviene de *laos* que significa «gente», y de *ergon*, «trabajo». La palabra se usó originalmente para identificar a los ciudadanos que servían en cargos públicos sin recibir pago alguno por su trabajo, tiempo después, incluyó el servicio militar y la participación comunitaria. En el Nuevo Testamento *leitourgia* se usa tanto para el servicio sacerdotal como para el acto de dar con altruismo, el término se refiere al servicio sacerdotal en el templo; en 2 Corintios 9.12 Pablo habla del ministerio y de la caridad como un servicio a los necesitados. En Filipenses 2.17 el apóstol llama *leitourgia* a su servicio a la Iglesia cristiana. Quienes hemos sido llamados al ministerio ofrecemos trabajo a la gente con un carácter desinteresado y espiritual. El ministerio no es una «profesión o trabajo secular», es un llamado divino que constituye una labor de ámbito netamente espiritual. En Hechos 13.2 Lucas escribe: «*Ministrando* estos al Señor, y ayunando, dijo el Espíritu Santo: Apartadme a Bernabé y a Saulo para la obra que los he llamado» (énfasis hecho por el autor). *Ministrando* en griego es *leitougeo*, que es una «realización de actos religiosos públicos»; también incluye «actos de caridad». Es el «trabajo o desempeño» de un oficio, de un «cumplimiento de una función». La palabra también describe el sacerdocio de Aarón que ministraba los servicios levíticos (ver Hebreos 10.11). Pablo usa esta palabra de nuevo en Romanos 15.27, en relación con la satisfacción de las necesidades materiales de los cristianos, con ello se rinde un servicio al Señor; los cristianos de Antioquía estaban desarrollando un oficio y cumpliendo una función al ministrar al Señor en oración y ayuno. Cuando Dios llama a una persona y la separa al ministerio, ciertamente le dará VICTORIA durante su vida ministerial.

En el segundo libro que escribí *Heme aquí, Señor, envíame a mí* menciono que hay cinco cosas específicas para una persona en relación con el ministerio: 1. Dios llama. 2. Dios capacita. 3. Dios envía. 4. Dios suple. 5. Dios respalda. Si una persona posee estos cinco puntos básicos, habrá la evidencia de la VICTORIA del Señor en el área ministerial. Recuerde estas palabras y no las olvide nunca: **Dios no llama a los capacitados, Dios capacita a los llamados**. Su promesa es darle VICTORIA en todo lo que usted haga, puesto que es verdaderamente llamado. Hay una última palabra griega en Hebreos 1.7 dentro de este contexto en relación con el ministerio: «El que hace a sus ángeles espíritus, y a sus *ministros* llama de fuego» (énfasis hecho por el autor). Aquí la palabra *ministros* es *leitourgos*, «trabajando para la gente». Es un «servidor público, un ministro». En el Nuevo Testamento se aplica a los gobernantes terrenales: Romanos 13.6 se aplica a servidores públicos; Romanos15.16 se refiere a Pablo; Filipenses 2.25 a Epafrodito, que atendió las necesidades del apóstol; Hebreos 1.7 se refiere tanto a los ángeles que son servidores de Dios, como a nosotros que somos sus «ministros»; se aplica a Cristo en Hebreos 8.1-2. La VICTORIA del Señor está reservada para aquellos ministros que fueron llamados y capacitados por Él, durante nuestro ministerio tendremos muchas pruebas, todos enfrentaremos diferentes tipos de problemas y ataques del enemigo.

Considere por un momento lo que es servir a la gente y el ministerio de la gran misionera Amy Carmichael: Después de años de un extraordinario y fructífero ministerio en la India, ella se enfermó y estuvo sufriendo, postrada en cama. Como valiente fundadora de la Confraternidad de Dohnavur había jugado un papel decisivo en el duro trabajo de rescate de cientos de niñas y niños de una terrible vida de esclavitud sexual. Mientras continuaba con su operación de rescate llevando a los jóvenes a la libertad espiritual, por medio de la fe en Jesucristo, ella escribió libros y poemas que siguen bendiciendo a muchos lectores alrededor del mundo; después la artritis hizo de Amy una invalida atormentada por el dolor. ¿Acaso ella se lamentó de su aflicción o cuestionó a Dios? ¡No! Amy siguió siendo la guía inspiradora de Dohnavur y Dios le dio grandes VICTORIAS, pues ella continuó escribiendo. Sus libros, meditaciones, cartas y poemas están llenos de alabanza a Dios y de aliento a sus compañeros de peregrinación misionera y ministerial. ¡Qué gran ejemplo de servicio! Aún en medio del dolor físico, Dios le dio la VICTORIA de ver a cientos de almas salvadas mediante su trabajo misionero.

Amy podría haber desistido de su labor y regresado a casa para tratar su enfermedad, pero ella perseveró con determinación y no perdió su galardón, alcanzó la VICTORIA. Dios usó su dolor y sufrimiento para que ella escribiera alentando a los demás a que continuasen en el ministerio aún en medio de la adversidad. Es en estos casos donde muchos ministros, por OTRAS RAZONES, han dado la espalda a Dios y han perdido su llamado y ministerios. El diablo no tiene nada que perder, porque él ya está perdido. Los ministros son el blanco y la prioridad del diablo para destruirlos, él tratará por todas las formas de desanimarnos y derrotarnos; él emplea diversas tácticas, trampas, artimañas y estrategias para hacer daño a los ministros y sus familias. Hay que reconocer que ha tenido éxito cuando ha lanzado sus dardos inflamados en contra de los ministerios en los cuales muchos han sido destruidos. Para esto él emplea su astucia, inteligencia y paciencia, aprovecha las oportunidades que se le presentan o que le son dadas. ¿Cómo es posible? Por medio de brechas, o sea, del derecho legal que algunos ministros le dan. ¿Qué es brechas? Son áreas del carácter del ministro en las que es débil, inmaduro e incluso, en algunos casos aún hay pecados escondidos sea de omisión o de comisión; muchos ministros han caído de la gracia mayormente en el área sexual, financiera y en el área del orgullo ministerial; algunos han abandonado el ministerio después de fallar vergonzosamente, muchas familias de ministros se han destruido; muchos ministerios se han desbaratado, algunos se han recuperado y restaurado, otros nunca más se levantaron, aunque hicieron mucho esfuerzo por volver a ser lo que eran antes, pero no pudieron.

Recuerde: El único poder que el diablo tiene sobre usted y yo es el poder consciente que nosotros le podemos brindar, de lo contrario él no podrá destruirnos. Pecar es una elección, usted elige y decide. Efesios 4.27 dice: «Ni deis lugar al diablo», para que usted o yo podamos dar lugar al diablo es necesaria la autorización de nuestra voluntad. Como cristianos y ministros que somos el enemigo tiene entrada en nuestras vidas, sólo si se lo permitimos. 2 Corintios 2.11 también dice: «Para que Satanás no gane ventaja alguna sobre nosotros; pues no ignoramos sus maquinaciones», para que el diablo tenga ventaja, solamente puede por medio de nuestro libre albedrío y voluntad, nuestra aprobación. El enemigo nos tentará, pero de nosotros depende vencer la tentación. Por esto nuestras armas espirituales para obtener la VICTORIA, entre otras, son: discernimiento espiritual, humildad y sencillez, la lectura y el estudio de la Palabra, la oración constante y perseverante, el ayuno eficaz, la protección de la sangre de Cristo, el poder del nombre de Cristo, la integridad y rectitud personal del ministro en todas las áreas de su vida sea pública, privada o familiar. Usted y yo no solamente fuimos llamados al ministerio, fuimos llamados a VENCER. La aparente derrota de la misionera Amy por su enfermedad, en realidad fue una gran VICTORIA al escribir para alentar a muchos, así como David al ser perseguido tanto por sus enemigos como el propio Saúl, escribió los salmos que tanto nos han bendecido. Es en el sufrimiento cuando nuestro carácter es formado y moldeado. Así como David, Amy perseveró con determinación y alcanzó la VICTORIA.

Segundo de Samuel 23.9, 10 dice: «Después de éste, Eleazar hijo de Dodo, ahohíta, uno de los tres valientes que estaban con David cuando desafiaron a los filisteos que se habían reunido allí para la batalla, y se habían alejado los hombres de Israel. Este se levantó e hirió a los filisteos hasta que su mano se cansó, y quedo pegada su mano a la espada. Aquel día Jehová dio gran VICTORIA, y se volvió el pueblo en pos de él sólo para recoger el botín» (mayúsculas agregadas). Dice la Escritura que «se habían alejado los hombres de Israel». De la misma forma muchos ministros se han alejado de sus llamados y ministerios, por consiguiente le han fallado a Dios. Pero Eleazar perseveró y permaneció sirviendo fielmente al Señor y a David, por lo que Dios le dio GRAN VICTORIA. Además de la determinación y perseverancia, ¿cómo alcanzar la victoria como ministros que somos? La respuesta está en Proverbios 24.6: «Porque con ingenio harás la guerra, y en la multitud de consejeros está la VICTORIA» (mayúsculas añadidas). En la «guerra», en la lucha espiritual que estamos en contra del diablo como ministros, necesitamos de hermanos, amigos, compañeros maduros y aptos para enseñarnos y aconsejarnos sabiamente en las áreas que necesitamos. Dice «multitud», no es solamente un consejero, sino muchos con capacidades distintas, varias opiniones y puntos de vista diferentes que nos llevarán a tomar la mejor decisión cuando sea necesario. Muchos ministros han estado desanimados, derrotados, tristes, cansados por falta de consejería sabia y oportuna, han abandonado el ministerio y el llamado que Dios, en algún momento les hizo. Podrían haber vencido si tan sólo hubieran perseverado y entregado toda la carga de sus vidas a los pies de Cristo.

En el suroeste de Asia, en el siglo XIV, el ejército del Emperador Tamarlene, un descendiente de Ghengis Khan, fue derrotado por un poderoso enemigo. Tamarlene se refugió en un establo abandonado que fue su escondite mientras las tropas enemigas lo buscaban en los campos. Durante el tiempo que estuvo oculto, su ánimo estaba abatido, desanimado, derrotado y sin esperanzas, cierto día miró a una hormiga escalando una pared, intentando llevar un grano de maíz hacia arriba; el grano era más grande que la hormiga, él contó sesenta y nueve intentos fallidos de la hormiga al tratar de subir con su carga. Cada vez que ella intentaba, el grano caía de nuevo al piso, entonces la hormiga regresaba y empezaba todo el proceso de nuevo. Tamarlene observó que en el septuagésimo intento ella alcanzó su objetivo, llevó con mucha dificultad y perseverancia el grano de maíz al tope de la pared. Al instante el Emperador Tamarlene se levantó y con determinación exclamó: «¡Yo también triunfaré!» Y así fue. Él reorganizó sus tropas con ánimo renovado, hizo que el enemigo huyera, el

Emperador, junto con sus valientes soldados, venció la batalla. Usted también, querido ministro, podrá obtener la VICTORIA en su vida ministerial si solamente intenta de nuevo. Reprenda al desánimo en el nombre de Cristo y vuelva con determinación, como lo hizo el Emperador Tamarlene; no importa lo que esté pasando, el Señor le ayudará, búsquelo y le contestará, como promete el salmo 138.3: «El día que clamé, me respondiste; me FORTALECISTE (con ánimo) el vigor (con determinación) de mi alma (mi ministerio)» (interpretación y mayúsculas agregadas). ¡Aprópiese de esta promesa! Quizá está enfrentando pruebas, luchas, tribulaciones, enfermedades, problemas económicos, tal vez sus hermanos le han rechazado o tiene problemas familiares, falta de apoyo de su concilio o denominación, etc. ¡jamás se rinda! Persevere, luche, ore, ayune, crea, medite y confiese la Palabra y obtendrá la VICTORIA. Recuerde lo que dice el salmo 144.10: «Tú (Dios), el que da VICTORIA a los reyes (a los ministros), el que rescata de maligna espada a David su siervo (usted y yo)» (interpretación hecha por el autor). Dios le rescatará, le pondrá en alto, le dará la VICTORIA, le ayudará, le fortalecerá y le llevará a gozarse y disfrutar del poder que está reservado a aquellos que perseveran y alcanzan con determinación y valentía la VICTORIA.

Recuerde la experiencia del profeta Habacuc, siervo de Dios, cuando todo era adversidad en su tiempo, él mantuvo el gozo y escribió confiadamente en el libro que lleva su nombre, 3.17-19: «Aunque la higuera no florezca, ni en las vides haya frutos, aunque falte el producto del olivo, y los labrados no den mantenimiento, y las ovejas sean quitadas de la majada, y no haya vacas en los corrales; CON TODO, yo me ALEGRARÉ en Jehová, y me *gozaré* en el Dios de mi salvación. Jehová el Señor es mi FORTALEZA, el cual hace mis pies como de ciervas, y en mis ALTURAS me hace andar» (mayúsculas y énfasis agregado). *Gozaré* en hebreo es *gil*, que es «regocijarse, estar feliz o alegre» sin depender de las circunstancias. Aunque todo marchaba mal alrededor de Habacuc, el profeta saltaba de alegría por su comunión con el Señor. Esto refleja exactamente lo opuesto a aquella idea de que el concepto bíblico del gozo constituye solamente un sentimiento interno de quietud y bienestar cuando todo va bien. Habacuc decía «CON TODO», no importa circunstancia o experiencia, él dijo «ME ALEGRARÉ», seguiré creyendo, confiando, alabando al Señor; dijo que el Señor era su «FORTALEZA», su apoyo, su columna, su fuerza y que le hacía andar en su «ALTURA», o sea, en grandes proyectos, grandes causas, grandes metas, o sea, andar en «altura» es andar de VICTORIA en VICTORIA, en gozo, en poder y en confianza. ¡Aleluya!

Usted, ¿se ha dado cuenta que existen personas muy extrañas que cuando las cosas van mal hablan de regocijarse y dar gracias? Es sorprendente la manera en que el apóstol Pablo enfrentó el sufrimiento y las dificultades, que le dieron fuerza para sobrevivir a las oscuras y frías prisiones así como a los problemas que continuamente se le presentaban. En sus dos cartas a los corintios, este gran hombre abrió su corazón y narró los castigos, rechazo y hostilidades que padeció. Sobrevivir en el mar después de que el barco donde uno navega naufraga, NO se puede llamar a esto un crucero en el Mediterráneo; sin embargo él considero a todas estas dificultades una «leve tribulación momentánea» (2 Corintios 4.17a). Hubo momentos en que Pablo se sentía cansado de esta vida de pruebas, luchas y tribulaciones, pero él nunca desistió. Él se mantuvo con la determinación y resolución de que él terminaría su carrera; a pesar de todo su sufrimiento Pablo escribió varias veces a la iglesia de los Filipenses, a quienes expresó su gozo y regocijo, él decía que de escoger entre el cielo para estar con Cristo o seguir con los hermanos, él prefería seguir vivo, era mejor estar con ellos y ayudarles a madurar: «Y confiado en esto, sé que quedaré, que aún permaneceré con todos vosotros, para vuestro provecho y GOZO de la fe» (1.25, mayúsculas agregadas). Él quería que ellos fueran parte de su ministerio: «Completad mi GOZO, sintiendo lo mismo» (2.2, mayúsculas añadidas). Él sabía que su trabajo y esfuerzo eran para beneficio de la Iglesia: «Y aunque sea derramado en libación sobre el sacrificio y servicio de vuestra fe, ME GOZO y REGOCIJO con todos vosotros» (2.17, mayúsculas agregadas); él quería que los Filipenses supieran que aún preso, él no se sentía derrotado y desanimado: «Y asimismo GOZAOS y REGOCIJAOS también vosotros conmigo» (2.18, mayúsculas agregadas); él deseaba que la Iglesia se gozara en todo momento: «Por lo demás, hermanos, GOZAOS en el Señor» (3.1, mayúsculas añadidas); él afirmaba que los Filipenses eran su alegría y que ellos deberían mantenerse en VICTORIA: «Así, que, hermanos míos amados y deseados, GOZO y corona mía, estad así firmes en el Señor» (4.1, mayúsculas agregadas). Él no dependía de las circunstancias y de sus sentimientos internos en medio de la adversidad: «REGOCIJAOS en el Señor siempre. Otra vez os digo: REGOCIJAOS» (4.4, mayúsculas añadidas); se alegraba de que la congregación de los filipenses entendía sus necesidades y de cómo Dios los usó para bendecirle: «En gran manera me GOCÉ en el Señor de que ya al fin habéis revivido vuestro cuidado de mí» (4.10, mayúsculas agregadas); él siempre estaba feliz, sus necesidades no interferían con su actitud: «pues he aprendido a CONTENTARME, cualquiera que sea mi situación» (4.11, mayúsculas añadidas). Pablo había aprendido que Dios está sobre las circunstancias y que él podía alabarlo en cualquier situación adversa; él vivió en VICTORIA porque sabía que Dios estaba en control de todo, Pablo vivía un día a la vez. Saber que el Dios Todopoderoso tiene nuestras vidas en sus manos es un factor que nos saca del hoyo oscuro de la autoconmiseración, de la desesperación y nos ayuda a confiar completamente en Él. Es maravilloso lo que sucede cuando Cristo desplaza la preocupación del centro de nuestra vida, pues en la dimensión de la FE todo eso desaparece y nos trae la VICTORIA.

El gran misionero en África, el Dr. David Livingstone, cuenta que una vez fue perseguido por leones, subió a un árbol tan pequeño que apenas quedó fuera del alcance de los leones que lo tenían cercado; las fieras se mantenían sobre sus patas traseras y balanceaban el pequeño árbol, tan aproximados estaban, que cuando rugían él sentía el aliento caliente salir de sus bocas. Después de esa experiencia escribió: «Yo tuve una noche tranquila y agradable, me sentía muy FELIZ,

GOZOSO, en VICTORIA. Mi fe en Cristo me ayudó a mantener la calma, prefería estar allí en ese pequeño árbol cercado por leones, en la selva africana, pues era allí donde Dios me quería, en vez de estar en Inglaterra, lejos de la voluntad del Señor». No importaba el peligro que este gran misionero enfrentó, para él, estar en el centro de la voluntad divina era lo correcto. En el medio de esta situación, él podía REGOCIJARSE y permanecer VICTORIOSO. Estoy seguro de que en el ministerio que usted y yo estamos no enfrentamos LEONES que nos acechen para comernos. Pero sí tenemos al «león rugiente» espiritual, que es el diablo, que nos busca diariamente para «devorarnos» y hacernos daño, ¡pero él ya está vencido!

Como siervos del Señor que somos y el GOZO que debemos tener, vea lo que está escrito en 2 Crónicas 7.10: «Y a los veintitrés días del mes séptimo envió al pueblo a sus hogares, ALEGRES y *gozosos* de corazón por los beneficios que Jehová había hecho a David y a Salomón, y a su pueblo Israel» (énfasis hecho por el autor). *Gozosos* en hebreo es *sameach*, que significa «feliz, gozoso, alegre, regocijo, festivo». *Samach* proviene de la misma raíz, significa «regocijarse, alegrarse, estar feliz». *Sameach* aparece como adjetivo 23 veces en la Biblia hebrea y más de 150 veces en su forma verbal, que generalmente se traduce como «regocijarse o alegrarse». El uso de *Sameach* crece en círculos cristianos, debido a que muchos peregrinos que regresan de Israel emplean la frase *chag sameach* la cual literalmente significa «festival de GOZO». Dios dio alegría, paz, regocijo y GOZO al pueblo de Israel por medio de sus siervos David y Salomón; de la misma forma nosotros, sus siervos, recibiremos el GOZO necesario para bendecir a su pueblo que es la Iglesia. De la misma manera, los dones y talentos que Él ha dado a sus siervos y ministros, bendecirán al cuerpo de Cristo, su iglesia en las diferentes áreas que ella necesita; si en nuestra vida ministerial hay VICTORIA y GOZO, esto se reflejará en las congregaciones que dirigimos. Si hay derrota y tristeza, también afectará a la congregación, sólo que de forma negativa y destructora. Recuerden ministros: Ustedes y yo somos los canales de bendición al pueblo de Dios para levantarlos, edificarlos y madurarlos. No se olviden de lo que dice Nehemías 8.10c: «No os entristezcáis, porque el GOZO de Jehová es vuestra fuerza» (mayúsculas añadidas).

La fe que mueve la mano de Dios para la victoria

En Jeremías 1.9 la Biblia dice: «Y extendió Jehová *su mano* y tocó mi boca, y me dijo Jehová he aquí he puesto mis palabras en tu boca» (énfasis hecho por el autor). Deje que Dios ponga palabras de VICTORIA, GOZO y FELICIDAD en su boca, porque lo que usted confiesa, eso recibirá. Por la fe, permita que la mano del Señor le lleve a la VICTORIA, tanto en su vida personal, como en su vida espiritual y también en su vida ministerial. ¡Usted nació para vencer! Romanos 8.37 nos afirma: «Antes, en todas estas cosas somos *más que vencedores* por medio de aquel que nos amó» (énfasis hecho por el autor). El concepto «más que vencedores» en griego es *hupernikao*, de *huper*, «sobre y por encima de», y *nikao* que es «conquistar». La palabra describe a uno que es «victorioso» en grado sumo, que gana una «victoria» más que ordinaria, porque está en condiciones de triunfar de forma «absoluta». Este no es un lenguaje arrogante sino de «confianza». El amor de Cristo por nosotros, «CONQUISTÓ» la muerte y VENCIÓ al diablo. Cristo está «SOBRE Y POR ENCIMA DE» cualquier poder, ángel, principado o potestad; creado, visible o invisible, con poder espiritual o humano, en el cielo, en la tierra, debajo de la tierra o en la inmensidad del universo; y debido a este amor, su amor, todos nosotros los creyentes, somos *hupernijao*, o sea, «MÁS QUE VENCEDORES». ¡Aleluya!

Hay una historia verídica de un hombre que cavaba con insistencia y determinación en sus tierras, buscando petróleo; intentó mucho y nada apareció, todo estaba seco, diligentemente perseveró, creyendo que en su propiedad sí había petróleo. Las personas que le conocían decían que estaba loco, que había trabajado mucho e invertido demasiado dinero en vano, pero él perseveraba y decía: «Yo sé que aquí hay petróleo». Finalmente, un día mientras cavaba profundo, vio cómo saltó el aceite que tanto buscaba; entonces tomó su viejo sombrero, lo llenó del producto precioso y lo puso en su cabeza, salió para la ciudad y se paró en la calle principal. El hombre no necesitó decir nada a las personas que pasaban, todos sabían que había alcanzado su propósito, sólo con mirar su rostro lleno de GOZO y su ropa llena de aceite, desde la cabeza hasta sus pies. La perseverancia, determinación e insistencia de este hombre lo condujeron a la VICTORIA y lo hicieron un VENCEDOR y al mismo tiempo millonario. Usted y yo, en sentido espiritual, SOMOS MÁS QUE VENCEDORES, ricos espiritualmente. El hombre pudo haber desistido, desanimado y abandonado todo el proyecto, derrotado; pero persistió, decidió encontrar lo que estaba buscando. Y usted apreciado hermano, siervo del Señor, ¿está dispuesto a hacer lo mismo hasta ver la VICTORIA en su vida personal, espiritual y ministerial?

No dude en ningún momento de su VICTORIA, porque ella vendrá. La duda es la fe del diablo, y cuando él consigue que usted DUDE de la Palabra y promesas de Dios él habrá alcanzado su objetivo que es mantenerle frustrado, triste y desanimado. El miedo, la incredulidad, (la duda y la falta de fe) y el temor le mantendrán derrotado en cualquier área de su vida. Hay ejemplos bíblicos de hombres y mujeres que dudaron momentáneamente en sus vidas, ante diferentes circunstancias, veamos algunos:

1. **Abraham** dudó si iría o no a heredar y poseer la tierra de Canaán; Génesis 15.7, 8 cita: «Y le dijo: Yo soy Jehová, que te saqué de Ur de los caldeos, para darte a heredar esta tierra. Y él respondió (Abraham): Señor Jehová, ¿en qué conoceré que la he de heredar?»

2. **Gedeón** dudó si vencería la batalla de Madián; Jueces 6.14, 15 narra: «Y mirándole Jehová, le dijo: Ve con

esta tu fuerza, y salvarás a Israel de la mano de los madianitas. ¿No te envío yo? Entonces le respondió (Gedeón): Ah Señor mío, ¿con qué salvaré yo a Israel? He aquí mi familia es pobre en Manasés, y yo el menor en la casa de mi padre».

3. **Juan el Bautista** dudó si realmente Cristo era el Mesías; Mateo 11.2-4 lo afirma: «Y al oír Juan, en la cárcel, los hechos de Cristo, le envió dos de sus discípulos, para preguntarle: ¿Eres tú aquél que había de venir, o esperaremos a otro? Respondiendo Jesús, les dijo: Id, y haced saber a Juan las cosas que oís y veis».

4. **Marta** dudó si realmente Jesús podía resucitar a Lázaro, su hermano; Juan 11.40 relata: «Jesús le dijo (a Marta): ¿No te he dicho que si crees, verás la gloria de Dios?»

5. **Tomás** dudó si realmente era el Señor Jesucristo quien había resucitado de los muertos; Juan 20.24, 25 refiere: «Pero Tomás, uno de los doce, llamado Dídimo no estaba con ellos cuando Jesús vino. Le dijeron, pues los otros discípulos: Al Señor hemos visto. Él les dijo: Si no viere en sus manos la señal de los clavos, y metiere mi dedo en el lugar de los clavos, y metiere mi mano en su costado, no creeré».

6. **Los primeros creyentes de la iglesia primitiva** dudaron de la liberación de Pedro; Hechos 12.13-16 describe:

«Cuando llamó Pedro a la puerta del patio, salió a escuchar una muchacha llamada Rode, la cual, cuando reconoció la voz de Pedro, de gozo no abrió la puerta, sino que corriendo adentro, dio la nueva de que Pedro estaba a la puerta. Y ellos dijeron: Estás loca. Pero ella aseguraba que sí era. Entonces ellos decían: ¡Es su ángel! Mas Pedro persistía en llamar; y cuando abrieron y le vieron, se quedaron atónitos».

7. **Cristo reprendió** a Pedro y su duda cuando éste flaqueó al caminar sobre las aguas. Mateo 14.28-31 relata: «Entonces le respondió Pedro, y dijo: Señor, si eres tú, manda que yo vaya a ti sobre las aguas. Y él le dijo: Ven. Y descendiendo de la barca, andaba sobre las aguas para ir a Jesús. Pero al ver el fuerte viento, tuvo miedo; y comenzó a hundirse, dio voces, diciendo: ¡Señor, sálvame! Al momento Jesús, le extendió la mano, asió de él, y le dijo: ¡Hombre de poca fe! ¿Por qué dudaste?».

8. **Cristo reprendió** la duda de los discípulos cuando no tuvieron fe para sanar a un niño; Mateo 17.17 explica: «Respondiendo Jesús dijo: ¡Oh generación incrédula y perversa! ¿Hasta cuando he de estar con vosotros? ¿hasta cuando os he de soportar? Traédmelo acá. Viniendo entonces los discípulos a Jesús, aparte, dijeron: ¿Por qué nosotros no pudimos echarlo fuera? Jesús les dijo: Por vuestra poca fe».

9. **Cristo reprendió** la duda y el temor de los discípulos en medio de la tormenta; Marcos 4.40 cuenta: «Y les dijo: ¿Por qué estáis amedrentados? ¿Cómo no tenéis fe?» (leer también Marcos 4.36-41).

10. **Cristo reprendió** la duda y la falta de fe de los dos discípulos en el camino a Emaús; Lucas 24.25 expone: «Entonces él (Jesús) les dijo: ¡Oh insensatos, y tardos de corazón para creer todo lo que los profetas han dicho» (leer Lucas 24.13-35).

11. **Cristo reprendió** la duda de Tomás cuando no creyó que él había resucitado; Juan 20.27-29 describe: «Luego (Jesús) dijo a Tomás: Pon aquí tu dedo, y mira mis manos; y acerca tu mano, y métela en mi costado, y no seas incrédulo, sino creyente. Entonces Tomás respondió y dijo: "¡Señor mío, y Dios mío!" Jesús le dijo. Porque has visto, Tomás creíste, bienaventurados los que no vieron, y creyeron».

Muchos cristianos se han rendido ante la duda y la falta de fe, sus vidas espirituales han sido afectadas de manera muy negativa trayendo consigo miedo y derrota. Donde está la fe no hay duda, y donde está la duda, no hay fe; no pueden estar juntas, ¡es imposible! Donde está la luz, no hay tinieblas, y viceversa. ¡Tan sencillo como esto! Dios a usted le llamó a vencer, a deshacerse de todo lo que le estorba para que alcance la VICTORIA. Recuerde:

No dude y no se rinda cuando las cosas vayan mal, como a veces sucede
y cuando el camino parezca cuesta arriba.
No dude y no se rinda cuando sus recursos disminuyan y sus deudas suban,
y en lugar de sonreír, tal vez suspira.
No dude y no se rinda cuando sus preocupaciones lo tengan agobiado,
y descanse si le urge.
No dude y no se rinda porque la vida es rara con sus vueltas y tumbos,
como constantemente comprobamos.
No dude y no se rinda porque muchos fracasos suelen acontecer,
y cuando se pudo vencer con solamente haber perseverado.
No dude y no se rinda aunque el paso sea lento
y el camino largo y difícil.
No dude y no se rinda porque la victoria puede estar a la vuelta de la esquina,
y la bendición de Dios está más cerca de lo que usted crea.
No dude y no se rinda porque el triunfo es el fracaso al revés,
y es el matiz plateado de esta nube incierta que no le deja ver su cercanía.
No dude y no se rinda, decida luchar y perseverar
y en verdad, cuando todo empeora, el que es valiente no se entrega.
Así que, no dude ni se rinda, pelee con determinación e insistencia

y luche, porque el que lucha, pelea y no se rinde, lucha hasta VENCER.

Para finalizar, no se olvide de las promesas de VICTORIA que Cristo dio a las siete iglesias del Apocalipsis, están escritas en el capítulo 2.7, 11, 17 y 26, en el 3.5, 12 y 21. Sus palabras fueron las mismas para las siete iglesias: ¡AL QUE VENCIERE!, aunque a cada una le dio una promesa diferente… Usted y yo fuimos llamados a VENCER como Él venció la cruz y la muerte; usted y yo VENCEREMOS mediante Él. Guarde esta promesa en su corazón, que es para usted y para mí, Pablo dijo en 1 Corintios 15.57: «Mas gracias sean dadas a Dios, que nos da la VICTORIA por medio de nuestro Señor Jesucristo» (mayúsculas agregadas por el autor). ¡Aleluya!

Capítulo 10

La fe que trae el milagro divino a su vida

«Mientras extiendes tu mano para que se hagan sanidades y señales y prodigios (milagros) mediante el nombre de tu santo Hijo Jesús» (Hechos 4.30, interpretación agregada por el autor).

En el relato del derramamiento del Espíritu Santo el día de Pentecostés, a los 120 que estaban reunidos en el aposento alto y con el que da inicio la Iglesia del Señor Jesucristo, las Escrituras nos dicen en Hechos 2.11 que: «Les oímos hablar en nuestras lenguas las *maravillas* de Dios» (énfasis hecho por el autor). *Maravillas* en griego es *megaleios* que significa «conspicuo, magnifico, espléndido, majestuoso, sublime, grandioso, bellísimo, excelente, favorable». Se usa esta palabra aquí y en Lucas 1.49 donde habla de «grandes cosas». Los asombrados visitantes el día de Pentecostés oyeron en sus propias lenguas lo que los discípulos decían acerca de la grandeza de Dios y sus poderosas obras. Dios sigue siendo el mismo Dios de milagros, su Palabra dice que Él no cambia. La Biblia afirma en Malaquías 3.6: «Porque yo Jehová no cambio». Él hizo milagros ayer, los hace hoy, hará milagros mañana y siempre. ¡Él es Dios de milagros!, inmutable, no cambia y jamás cambiará. Hebreos 6.17 declara: «Por lo cual, queriendo Dios mostrar más abundantemente a los herederos (usted y yo) de la promesa la INMUTABILIDAD de su consejo» (interpretación y mayúsculas agregadas por el autor). Sobre el Señor Jesús, Hebreos 7.24 nos confirma «mas éste (Cristo), por cuanto PERMANECE PARA SIEMPRE, tiene un sacerdocio INMUTABLE» (interpretación y mayúsculas hechas por el autor). Si usted necesita un milagro, este capítulo es para usted. Dios es el mismo Dios «magnifico» en sus proezas; «espléndido» en sus caminos; «majestuoso» en su poderío; «sublime» e incomparable; «grandioso» e infinito; «bellísimo» en todas sus obras; «excelente y perfecto, favorable» para traernos el milagro que necesitamos. ¡Aleluya! El sufrido Job, milenios atrás ya conocía al Dios de las maravillas, prodigios, señales, y milagros. Leamos Job 5.9: «El cual hace cosas grandes e inescrutables, y MARAVILLAS sin número» (mayúsculas agregadas por el autor). ¡Nada es imposible para Él!

Cierta vez un hombre fue a la peluquería, se sentó para que el barbero lo rasurara y cortara su cabello. En medio de la conversación, el hombre, que era cristiano, quiso hablarle del amor de Dios, pero fue interrumpido bruscamente por el barbero, que dijo:

—¡Yo no creo en Dios!

—¿Por qué no? —preguntó el cristiano.

—Porque si Dios existiera no habría tanto dolor, hambre y sufrimiento en el mundo.

Cuando terminó, el hombre se fue del local y después regresó con un hombre cuya barba y cabello estaban largos, le dijo al barbero:

—¡No creo que existan los barberos!

—¿Cómo que no, yo estoy aquí, acaso no hice su barba y corté su cabello? —exclamó el barbero sorprendido.

—Sí, pero, si existieran los barberos, este hombre no estaría barbudo y peludo —replicó el cristiano.

El barbero, entonces ya casi enojándose, dijo:

—Yo estoy aquí, son ellos los que no vienen para que yo los arregle.

—Exactamente —explicó el cristiano—Dios existe, es la gente la que no acude a Él para que arregle sus vidas, reciban su salvación y su perdón; en este mundo tan triste la culpa de tanto dolor y sufrimiento no está en Dios, Él existe, la gente no se le ACERCA para que les dé su amor, los sane y haga el milagro a sus almas que tanto necesitan.

De la misma forma usted y yo debemos ir a Dios para que Él realice el milagro que necesitamos en nuestras vidas. Él está allí, esperando para que nosotros le podamos buscar, Él desea bendecirnos y transformarnos.

Lucas 1.37 promete: «Porque nada hay imposible para Dios». Dios no tiene límites, y su poderío, fuerza y autoridad es incalculable. Recuerde estas palabras: «Dios no tiene problemas, Dios solamente tiene soluciones». Dios creó los cielos, la tierra, el mar, los planetas y el universo, ¿qué será difícil para Él? El hombre natural, analiza todo con sus sentidos e instinto limitadamente humano, porque cree en lo que ve, oye, siente, toca, huele y conoce con su mente racional.

Muchos años atrás, hubo algunas declaraciones de personas que hablaron de las «imposibilidades» que el hombre puede «hacer o alcanzar». Estas «declaraciones» y «opiniones» fueron sacadas de documentos oficiales, periódicos y revistas, fueron hechas por «autoridades reconocidas» en varios campos de la ciencia. Veamos solamente algunas:

* En 1840 alguien dijo: «Una persona viajando a una velocidad de treinta millas por hora se sofocaría».
* En 1878 alguien dijo: «Este asunto de luces eléctricas no es merecedor de atención seria».
* En 1901 alguien dijo: «No hay posibilidad alguna de que se pueda crear una máquina en la que el hombre pueda volar».
* En 1926 alguien dijo: «Esta idea necia de que el hombre pueda viajar a la luna es imposible».

Todas estas cosas para ellos eran «imposibles». Ahora usted y yo vemos cómo el hombre viaja a cientos de millas por hora en sus carros sin sofocarse; todos dependemos de la energía eléctrica; existen aviones que cruzan países, océanos y continentes; el hombre ha explorado el espacio y ha desarrollado la ciencia y la tecnología a niveles antes impensables: desde radios, televisiones, teléfonos, faxes, satélites, videocámaras, celulares, computadoras, Internet, etc. ¡Hasta dónde hemos llegado!, ¡y lo que falta! Todo es posible cuando usted cree que lo puede alcanzar. De la misma manera, en el área espiritual, todo es posible para usted. Sólo tiene que perseverar y creer con la determinación de que Dios puede realizar el milagro que tanto usted espera en su vida.

Las circunstancias serán cambiadas y vendrá el milagro

Jeremías 33.3 dice: «*Clama* a mí, y yo te responderé, y te enseñaré cosas grandes y ocultas que tú no conoces» (énfasis hecho por el autor). *Clama* en hebreo es *qara*, que es «llamar a alguien, exclamar, dirigirse a alguien, gritar, proclamar o desahogarse». *Qara* a menudo describe el gritar para «llamar la atención a alguien, invocar al Señor y Su santo nombre» (ver Isaías 55.6 y Joel 2.32). Para que las circunstancias de nuestra vida cambien y para que el milagro de Dios venga, es necesario «llamar al Señor, exclamar» con voz firme, en fe, que sucederá lo que hemos pedido. Tenemos que «dirigirnos» a Él en fe y «gritar», pidiendo ayuda al Dios Todopoderoso, pues solamente Él podrá cambiar el momento difícil que estamos pasando. Debemos «proclamar» su Palabra, confesar su Palabra y creer en su Palabra, pues la promesa dice que si clamamos Él nos responderá. Vayamos a sus pies a «desahogar» nuestras necesidades con humildad, paciencia y fe. Y lo más importante, tenemos que «invocarle» de todo el corazón, con determinación, perseverancia y fe, creyendo que Él actuará en su momento y cambiará nuestro dolor, lágrimas y penas en júbilo de victoria cuando el milagro llegue. Pero eso sí, todo ESTO debe ser hecho con PERSEVERANCIA, pues la mayoría de las veces nuestras oraciones no son contestadas inmediatamente, sino que lleva tiempo para que el milagro de Dios acontezca.

Cierta vez Thomas Edison estaba muy ocupado trabajando en su laboratorio a las dos de la madrugada, su asistente entró al lugar y notó que el inventor tenía una sonrisa, a pesar de ser tan tarde. «¿Ya resolviste el problema?», pregunto su ayudante; a lo que Thomas Edison contestó: «En realidad aquel intento no funcionó pero aún, cansado como estoy, en este momento puedo intentar de nuevo hasta conseguirlo». El fracaso nunca es agradable, pero la decepción momentánea se puede transformar en regocijo de victoria si nosotros tomamos la actitud correcta. Thomas Edison sabía que con su perseverancia y determinación lograría el invento que, para su época, fue un milagro: el foco incandescente y finalmente la energía eléctrica; él sabía que el camino iba a ser difícil y largo e intentó miles de veces hasta conseguir su objetivo. Hechos 1.14 nos anima a insistir para que recibamos el MILAGRO: «Todos estos PERSEVERABAN unánimes en oración y ruego» (mayúsculas agregadas). Todos sabemos que para alcanzar algo hay que luchar, creer y permanecer firme en la fe, creyendo en oración y ruego; persevere sabiendo que Dios traerá el MILAGRO a su vida. La fe de una persona persistente logra sus deseos. Hechos 13.43 nos alienta: «Y despedida la congregación... siguieron a Pablo y a Bernabé, quienes hablándoles, les persuadían a que PERSEVERASEN en la gracia de Dios» (mayúsculas agregadas). Usted persevere, con fe, creyendo que recibirá el milagro que necesita, sea en el área personal, espiritual, material, ministerial, matrimonial, familiar, económica, sanidad física, emocional, liberación, o la salvación de sus seres queridos, siempre confesando la Palabra. Persevere en la «gracia de Dios», dependa de Él solamente, pues es por gracia y misericordia, no por obras que recibiremos el MILAGRO, así como hemos recibido la salvación por gracia (vea Efesios 2.8-9). Colosenses 4.2 una vez más nos recomienda: «PERSEVERAD en la oración, velando en ella con acción de gracias». Persevere e insista con determinación, en oración y ayuno hasta que reciba el MILAGRO que espera, «con acción de gracias», por su misericordia, gracia y amor. Romanos 2.7 nos promete vida eterna, el MILAGRO más grande jamás concedido al hombre por medio de la salvación en Cristo Jesús, si perseverarnos en la bondad divina: «Vida eterna a los que, PERSEVERANDO en bien hacer, buscan gloria y honra e inmortalidad» (mayúsculas agregadas); esta es nuestra meta final: alcanzar la eternidad y vivir con Él para siempre. ¡Aleluya!

En 1992, cuando regresé de El Salvador, donde prediqué en una cruzada en el Estadio Luis Ángel Firpo, en Usulután, un hermano me fue a recoger al aeropuerto porque llegué muy tarde como para que Damaris lo hiciera. Mientras él manejaba su carro, me platicó que él y su esposa aún no habían podido tener hijos; habían acudido al médico y éste no encontró la razón, ni siquiera supo si él o su esposa eran estériles, o si había otro problema. Entonces, antes de llegar a casa, detuvimos el carro a la orilla de la calle y yo oré por él, quien también, entre lágrimas y sollozos oró con mucha fe y esperanza; literalmente derramó su alma delante del Señor y creyó que Dios podía hacer un MILAGRO en sus vidas y cambiar las circunstancias que ellos estaban pasando. Después de un tiempo, fui a predicar a su congregación. Para mi sorpresa, vino él con una hermosa niña en sus brazos y me dijo: «¿Te acuerdas hermano Yrion cuando oramos porque no podíamos tener familia?» «¡Claro que sí!», le contesté. Me presentó una hermosa criatura que Dios les había concedido después de aquella noche. Él creyó en la Palabra de Dios y ésta trajo el MILAGRO que estaban deseando; ellos realmente creyeron lo que Cristo dijo en Marcos 11.24: «Por tanto, os digo que TODO (incluyendo no tener hijos) lo que pidiereis ORANDO creed que lo recibiréis, y os VENDRÁ» (interpretación y mayúsculas añadidas por el autor). Esta pareja cristiana oró creyendo y el MILAGRO vino. La Biblia dice que a Sara, quien había sido estéril y además tenía edad avanzada, le fue dada la promesa que daría luz a Isaac, el hijo de la promesa. Génesis 18.14 narra: «¿Hay para Dios alguna cosa difícil? Al tiempo señalado volveré a ti, y según el tiempo de la vida, Sara tendrá un hijo». Así como fue con Sara y con esta pareja, hay muchísimos matrimonios cristianos que aún no han podido tener hijos y yo les digo, crean en el Señor y en su Palabra y recibirán el milagro que tanto esperan, de tener hijos, que es el deseo de todo matrimonio. Dios es poderoso para sanarles y traerles el MILAGRO.

He visto a Dios hacer maravillas con muchas parejas, también lo hará con usted. Así como yo oré por estos hermanos y el Señor los sanó, las Escrituras dicen que Abraham también oró ante la misma circunstancia y Dios le contestó, Génesis 20.17 lo confirma: «Entonces Abraham oró a Dios; y Dios SANÓ a Abimelec, y a su mujer, y a sus siervas, y TUVIERON HIJOS» (mayúsculas agregadas). De la misma manera Dios actuará a su favor; si usted o su pareja tienen problemas semejantes, dejen este libro al lado por un momento y oren al Señor en fe, pidiéndole que haga un MILAGRO para ustedes. Y verán que las circunstancias serán cambiadas, Dios moverá su mano poderosa y les concederá el deseo de su corazón. La fe produce cosas grandiosas e inexplicables a aquellos que realmente creen en la Palabra de Dios. Aunque los médicos les hubiesen dicho que no podrán tener hijos, y de acuerdo a la ciencia, esto sea verdad; ustedes no deben aceptar, ni debe ser el fin de su esperanza «porque por fe andamos no por vista» dice 2 Corintios 5.7. Los científicos hablan de lo que saben, creen lo que ven, pero nosotros los cristianos creemos, por fe, que Dios puede tornar una situación adversa y cambiar las circunstancias para traer el MILAGRO. Ellos tienen una mente carnal, nosotros una espiritual; ellos creen en lo visible, nosotros en lo invisible; ellos creen en los libros de anatomía, nosotros en las Escrituras, La poderosa e infalible Palabra de Dios. Dios usa a los médicos y la medicina, pero hasta un punto. Recuerde que Lucas fue médico, pero hay situaciones que requieren una intervención divina y es allí donde Dios realiza sus grandes prodigios, señales y MILAGROS. Mi familia y yo somos testigos de grandes maravillas que Dios ha hecho en nosotros; en el último capítulo del primer libro que escribí *El Poder de la Palabra de Dios*, usted puede leer el gran MILAGRO que Dios hizo a mi hermano Tayrone, cuando lo sanó después de un terrible accidente automovilístico. Y en este capítulo que usted está leyendo ahora, conocerá el testimonio de mi querida madre y en el gran MILAGRO QUE DIOS hizo cuando me levantó a mí de la muerte a la vida después de recién nacido. ¡Él es Dios de MILAGROS!

Las montañas serán removidas y vendrá el milagro

Hechos 13.32 dice: «Y nosotros también os anunciamos el evangelio de aquella *promesa* hecha a nuestros padres» (énfasis hecho por el autor). *Promesa* en griego es *epangelia* que significa «promesa, lo prometido», un anuncio con el sentido especial de «promesa, prenda y oferta». *Epangelia* dice lo que la promesa de Dios es, y entonces da la «seguridad» de que lo «prometido» se «cumplirá». 2 Corintios

1.20 afirma: «Porque todas las promesas (*epangelia*) de Dios son en él Sí, y en él Amén, por medio de nosotros, para la gloria de Dios» (etimología agregada por el autor). La «promesa» de Dios es que «Él es el mismo ayer, y hoy, y siempre», en el pasado Él hizo MILAGROS a nuestros padres, lo hará hoy y hará mañana también. Él le dará una «prenda, regalo, obsequio», y moverá su poderosa mano para traerle el MILAGRO que desea. Usted debe tener plena fe, «seguridad» en las Escrituras que prometen que Él hará lo que ha dicho, porque Dios jamás ha mentido y vuelto atrás después de prometer algo. Recuerde que TODAS (no algunas), sino TODAS, las promesas en Él son Sí y Amén, o sea: ¡Está hecho! Todas las promesas incluyen TODAS las áreas de su vida, matrimonio, familia y ministerio.

Uno de los grandes enemigos de la fe y de las promesas de Dios es el afán, esto trae muchas cosas negativas a su vida, entre ellas la preocupación, la inquietud, la duda y el temor. Dios hará el MILAGRO en su tiempo, usted no necesita preocuparse, ni estar inquieto, ni dudar, mucho menos permitir que el temor y la incredulidad invadan su corazón. La Biblia es clara en 1 Pedro 5.7 que dice: «Echando TODA vuestra *ansiedad* sobre él (Cristo), porque él tiene cuidado de vosotros» (mayúsculas, énfasis e interpretación agregadas por el autor). *Ansiedad* en griego es *merimna*, que proviene de la palabra *meiro* que es «dividir», y *noos* que es «mente». Entonces la palabra indica «distracciones, ansiedades, cargas y preocupaciones». *Merimna* significa «estar ansioso» anticipadamente acerca de la vida diaria. Parecida es la palabra «afán», también del griego *merimnao*, procede de la raíz *merizo*, que es «dividir en partes» y «preocuparse» con cosas que traen «presión y tensión» a nuestras vidas. Semejante preocupación es «innecesaria» porque Cristo provee para nuestras necesidades cotidianas y también para nuestras necesidades especiales. Usted no necesita tener una «mente dividida», no permita que «distracciones» mundanas y fuera de la Palabra de Dios influyan en su vida; la «ansiedad» es condenada en las Escrituras y esto se tornará en «carga» que usted no podrá llevar. Sus «preocupaciones» no traerán la respuesta de Dios y la inquietud no hará que el MILAGRO venga a su vida, porque todo esto es «innecesario»; usted no debe permitir esto en su vida. Dice la Palabra que TODA ansiedad, «presión o tensión», sea desarraigada de usted y la debe depositar en Cristo, no algunas, sino TODAS sus «ansiedades» porque esto le provocará un gran daño tanto en el área física como en la espiritual, así que quite TODO eso de su corazón y usted experimentará la paz de Dios. El afán no traerá el MILAGRO, por lo tanto:

1. **El afán quita el sueño.** Eclesiastés 8.16 dice: «Yo pues dediqué mi corazón a conocer sabiduría, y a ver la FAENA que se hace sobre la tierra (porque hay quien ni de noche ni de día ve sueño en sus ojos)».

2. **El afán ahoga la Palabra.** Jesús, cuando narró la parábola del sembrador en Mateo 13.7 y 22 dijo: «Y la parte que cayó entre espinos; los espinos crecieron, y la ahogaron. El que fue sembrado entre espinos, éste es el que oye

la palabra, pero el AFÁN de este siglo (esta vida) y el engaño de las riquezas ahogan la palabra, y se hace infructuosa» (interpretación agregada).

3. El afán produce preocupación por esta vida. Jesús indica en Mateo 6.25: «Por tanto os digo: No os AFANÉIS por vuestra vida, qué habéis de comer o que habéis de beber, ni por vuestro cuerpo, qué habéis de vestir. ¿No es la vida más que el alimento, y el cuerpo más que el vestido?» (mayúsculas agregadas).

4. El afán produce desconfianza. Cristo advierte en Mateo 6.31: «No os AFANÉIS, pues diciendo: ¿Qué comeremos, o qué beberemos, o que vestiremos?»

5. El afán quita la paz del hogar. Lucas 10.40-41 narra: «Pero Marta se PREOCUPABA con muchos quehaceres y acercándose, dijo: Señor, ¿no te da cuidado que mi hermana me deje servir sola? Dile, pues, que me ayude. Respondiendo Jesús, le dijo: Marta, Marta, AFANADA Y TURBADA estás con muchas cosas» (mayúsculas añadidas).

6. El afán produce avaricia. El Señor exhorta en Lucas 12.15: «Y les dijo: Mirad, y guardaos de toda avaricia porque la vida del hombre (su afán por las riquezas) no consiste en la abundancia de los bienes que posee» (interpretación hecha por el autor).

7. El afán trae más carga a nuestras vidas. El sabio Salomón previene en Eclesiastés 5.17: «Además de esto, todos los días de su vida comerá en tinieblas, con mucho AFÁN, y dolor y miseria» (mayúsculas agregadas).

8. El afán distrae a los hombres de los caminos de Dios. Cristo aconseja en Lucas 21.34: «Mirad también por vosotros mismos, que vuestros corazones no se carguen de glotonería y embriaguez y de los AFANES de esta vida, y venga de repente sobre vosotros aquel día» (mayúsculas agregadas).

9. El afán hace que la vida del hombre se consuma en vano. El Salmo 39.6 lo explica: «Ciertamente como una sombra es el hombre; Ciertamente en vano se AFANA; amontona riquezas, y no sabe quién las recogerá» (mayúsculas agregadas).

10. El afán hace que el hombre ponga su mirada en las cosas terrenales. Proverbios 23.4-5 nos anima: «No te AFANES por hacerte rico; sé prudente, y desiste. ¿Has de poner tus ojos en las riquezas, siendo ningunas? Porque se harán alas como las alas del águila, y volarán al cielo» (mayúsculas agregadas).

11. El afán quita al hombre que trabaja en exceso la perspectiva espiritual. Eclesiastés 1.3 nos trae corrección: «¿Qué provecho tiene el hombre de todo su trabajo con que se AFANA debajo del sol?» (mayúsculas agregadas).

Cierta vez un poderoso rey condenó a muerte a su pobre y humilde súbdito, el hombre, ya a punto de ser ejecutado propuso al rey que le enseñaría a volar al caballo real, el monarca aceptó con la condición de que si en un año no lo lograba su sentencia se cumpliría y moriría. Alguien le dijo:

—¿Por qué adelantar lo inevitable?

—¡No es inevitable! —contestó el súbdito—, ¿por qué debo AFANARME?, las ventajas son cuatro a uno a mi favor.

—¿Cómo es esto? —preguntó el hombre.

—¿Por qué debería yo PREOCUPARME?, vea las ventajas que tengo: 1. Dentro de un año el rey podría morir. 2. Yo también podría morir. 3. El caballo podría morir. 4. Yo podría enseñar al caballo a volar...

Es gracioso pero cierto, este hombre tenía en realidad tres ventajas a su favor, la cuarta sería «un milagro» escrito en algún cuento de hadas... Pero lo cierto es ¿por qué preocuparse? Para que usted reciba el verdadero MILAGRO que espera, simplemente ore, ayune, confiese la Palabra y crea que el Señor podrá hacerlo. Por más que se AFANE, preocupe y ansíe no podrá hacer que el milagro suceda, así que de una vez por todas, quite el AFÁN, la ANSIEDAD y la INQUIETUD de su vida, ¿por qué?

1. **Porque** es un pecado que produce miedo y temor.

2. Porque es una enfermedad que le causará daño a su corazón, hará que su presión arterial suba y entonces sufrirá presión alta, que provocará otras enfermedades.

3. Porque si es un problema que usted puede solucionar, hágalo, de lo contrario solamente Dios lo podrá hacer. De cualquier manera, ¿por qué preocuparse si Dios está en control?

4. Porque hará que viva una vida llena de miseria, angustia y dolor.

5. Porque le aplastaría el peso de la carga y no podrá llevarla, le causaría daño tanto en su vida física, familiar y espiritual.

6. Porque es un peso innecesario que le matará prematuramente.

7. Porque es un suicidio físico, mental y espiritual.

8. Porque es una tumba abierta de inquietudes que no tienen razón de ser.

9. Porque es tiempo perdido, gastado en cosas sin importancia que pudiera haber disfrutado con su familia en un ambiente espiritual con Cristo.

10. Porque es un ladrón de la fe, de la paz y de la confianza en Dios, pues Él nunca falla.

11. **Porque** se volverá una piedra de tropiezo muy pesada que no podrá cargar.

12. **Porque** es un desperdicio que Dios jamás planeó que sus hijos tuvieran.

13. **Porque** es preocupación y ansiedad sobre cosas que no son importantes hoy y tampoco lo serán mañana, porque es cuestión de Dios llevarlas.

14. **Porque** son problemas anticipados que causan serios perjuicios físicos y espirituales.

15. **Porque** es una tormenta de presión sobre algo que debería ser de bendición, que la ansiedad y el afán convierten en maldición y daño permanente.

16. **Porque** es como vivir siendo huérfano, sin el Padre celestial que nos cuida.

17. **Porque** es una afrenta en contra de lo que Dios estableció para el hombre.

18. **Porque** es una crueldad mental, física y espiritual a usted mismo y a los demás.

19. **Porque** es necedad, lo que usted tiene que pasar, pasará y no lo evitará con la ansiedad, si acaso no sucedieran las cosas que usted teme, entonces se habría preocupado en vano.

20. Porque si realmente la adversidad llegara a su vida y usted necesitara de un MILAGRO divino, con confianza, fe y madurez, usted podrá vencer el afán, la ansiedad, el temor, el miedo, la preocupación y la inquietud con el poder de la Palabra de Dios.

Las montañas del afán, ansiedad, preocupación e inquietud deben ser removidas de su vida para que usted reciba el MILAGRO, quizá están arraigadas dentro de su corazón; pero si usted estudia las once razones por las cuales el afán le destruye y los veinte motivos antes mencionados, trabaja sobre ellos, entonces usted hará que se cumpla en su vida el versículo Juan 15.7, en el que Cristo promete: «Si permanecéis en mí, y mis palabras permanecen en vosotros, pedid TODO lo que queréis y os será hecho» (mayúsculas agregadas). Esta es una Palabra de fe en contra del afán y de sus trágicas consecuencias negativas en todas las áreas de nuestras vidas. Si necesita un MILAGRO, pídalo al Señor, porque Él dijo que TODO lo que pida se concederá, siempre y cuando esté en su perfecta voluntad. En Juan 16.23-24 Cristo nuevamente aclara que nos dará TODAS las cosas, y añade que de esta manera el GOZO en nuestras vidas seria realizado: «De cierto, de cierto os digo, que TODO cuanto pidiereis al Padre en mi nombre, os lo dará. Hasta ahora nada habéis pedido en mi nombre; PEDID y recibiréis, para que vuestro GOZO sea cumplido»(mayúsculas agregadas). El gozo es el opuesto y lo contrario del afán, pues el afán roba el gozo y la felicidad de vivir una vida espiritual abundante en Cristo.

El reformador, Martín Lutero nos advierte sobre el afán: «Por qué quieres inquietarte y AFANARTE más allá del día de hoy y tomar sobre ti el mal de dos días. Debes estar contento de lo que este día te impone, el mañana traerá otra cosa de qué preocuparte». Yo diría que el afán, la ansiedad, preocupación e inquietud provocan la falta de fe; éstos, a su vez producen temor; después se genera el miedo y entonces viene la duda, que finalmente se convierte en incredulidad. Es una cadena peligrosa con eslabones muy poderosos que evitarán que usted reciba el MILAGRO. Mateo 13.58 narra el episodio en que Jesús fue rechazado en Nazaret: «Y no hizo allí muchos MILAGROS, a causa de la INCREDULIDAD de ellos». Marcos lo relata de otra manera y nos advierte que no hagamos lo mismo; Marcos 6.5, 6: «Y no pudo hacer allí ningún MILAGRO, salvo que sanó a unos pocos enfermos, poniendo sobre ellos las manos. Y estaba asombrado de la INCREDULIDAD de ellos». Dice que Cristo estaba «asombrado, sorprendido, maravillado» en el sentido negativo de la palabra; estaba «atónito»; «no podía creer» lo que veía, la INCREDULIDAD de las personas en Nazaret. Tal vez usted puede identificarse con los nazarenos por esto no ha recibido lo que desea, o quizá conoce personas que se relacionan con la misma actitud de ellos, o sencillamente está confiando, pidiendo con fe y certeza que vendrá lo que Él le ha prometido; esté seguro de que si procede de esta manera será bendecido y el MILAGRO llegará a su vida.

Cierta ocasión, una hermana en la fe que radica en Brasil, pasaba por dificultades financieras junto con su familia, estaban viviendo una prueba muy grande; ella, mujer de oración y fe, estaba segura de que Dios la ayudaría ya que siempre había suplido sus necesidades y no tenía PREOCUPACIÓN alguna, pues sabía que el Señor actuaría a favor de ellos. Decidió llamar a una estación de radio cristiana y exponer su situación a los oyentes de un programa evangélico, fue con una vecina y le pidió prestado su teléfono, se comunicó a la estación y dijo: «Queridos hermanos en Cristo: estoy pasando por una etapa de gran tribulación en mi hogar, me quedé sin empleo y tengo hijos pequeños, mi esposo no tiene trabajo fijo y hace todo tipo de trabajos que se le presentan, pero el dinero que obtiene no es suficiente para alimentar a nuestros hijos. Si algún hermano o hermana en la fe quisiera ayudarnos con alimentos, ciertamente Dios le bendecirá. Estaremos agradecidos de que el Señor toque sus corazones». Concluyó su mensaje informando su nombre y dirección; el mensaje fue escuchado por un hechicero que pensó: *¡Es hoy que avergonzaré a estos creyentes evangélicos!* Llamó a dos de sus sirvientes y les dio la orden: «Vayan al mercado y compren de TODO lo que encuentren, compren dos veces la misma cosa y llévenselo a esta señora, a esta dirección. Cuando ella reciba TODO y pregunte quien envió TODO esto, ustedes dirán que fue "el diablo", porque ella creerá que fue el "tal" Jesucristo, ustedes dirán que fue "el diablo" quien le envió TODO, porque quiero avergonzarla». ¡Y así fue! Los dos hombres hicieron exactamente lo que su jefe el brujo les indicó, compraron muchas cosas y se presentaron a la casa de la hermana, tocaron la puerta y cuando ella abrió dijeron: «Venimos traer TODAS estas compras para usted señora, ¿dónde las podemos poner?» La hermana muy sorprendida y llena de GOZO les dijo: «Entren por favor, por aquí, pongan TODO allí en la mesa, y lo que no quepa en el piso por favor». Cuando terminaron de descargar TODOS los alimentos la hermana les agradeció muchas veces; antes de salir los hombres se miraron uno al otro y uno le preguntó a otro: «Pero, ¿ella no va a preguntar quién envió las compras?». «¡No lo sé!», dijo el otro hombre, «¡Qué extraño!» Entonces uno de ellos, con mucho atrevimiento, le dijo a la hermana: «¿No va a preguntar quién le envió TODO esto señora?». La hermana, con la sabiduría divina les contestó: «Yo no tengo que preguntar, eso no importa pues cuando DIOS MANDA, AUN EL DIABLO OBEDECE». ¡Aleluya! La montaña de su necesidad fue removida y por la fe, la mano de Dios trajo el MILAGRO que ella esperaba. De la misma manera será con usted. Crea en el poder de Dios y Él hará el MILAGRO. ¡Solamente crea!

La sanidad cuando nací: de muerte a vida, ¿cómo se obró el milagro?

Job 5.7 dice: «Porque como las chispas se levantan para volar por el aire, así el hombre nace para la *aflicción*» (énfasis agregado). *Aflicción* en hebreo es *amal*, que significa «pena, labor, dolor, problema, miseria y fatiga». Este sustantivo es usado cincuenta y seis veces en el Antiguo Testamento, su raíz es el verbo *amal*, «laborar o afanarse hasta quedar exhausto». Cuando José obtuvo la felicidad después de sufrir la traición de sus hermanos, esclavitud y un injusto aprisionamiento, dijo: «Dios me hizo olvidar todo mi trabajo, y toda la casa de mi padre» (Génesis 41.51), se refería a su «angustia y pena».

Los pasajes de Job y Génesis relatan la «pena, labor y dolor» que mis padres pasaron, desde que nací, debido a una enfermedad, hasta la victoria que ellos presenciaron y el MILAGRO que Dios hizo conmigo recién nacido. Para ellos fue un gran «problema» lo que tuve, y los llevó a la «fatiga» por muchos meses hasta que «exhaustos» físicamente perseveraron hasta ver el gran MILAGRO que Dios llevó a cabo por su misericordia con mi vida. Estoy muy, pero muy agradecido a mis padres por todo el trabajo y sufrimiento que tuvieron conmigo durante la enfermedad que padecí recién nacido y a mi querido Señor por el MILAGRO QUE HIZO en mi vida. He aquí, el testimonio de mi querida madre, que me lo envió por correo electrónico desde Brasil, pues mi padre partió con el Señor en el año 2001:

> A los 15 días de vida mi bebé Josué manifestó que algo en su organismo no estaba funcionando bien, lo noté porque su llanto era continuo, de noche y de día. Entonces inició la diarrea y los vómitos, cuando llegamos al médico el niño estaba «deshidratado», cosa que nos sorprendió a su padre y a mí, Josué era mi tercer hijo y yo conocía muy bien la importancia del agua y ésta no había faltado para él; cuando le preparaba té era muy extraño, porque su organismo no lo aceptaba, ni el agua. Estuvimos en el hospital una

semana, parecía que estaba mejorando, pero no era verdad, porque Josué no aceptaba ni leche en polvo. Cuando regresamos con él de vuelta a casa, el problema comenzó de nuevo, porque sin el suero intravenoso y sin alimentación alguna, Josué empezó a deteriorarse muy rápido. Sinceramente les digo que fue una angustia muy grande verlo así, entonces comenzó una lucha con mucho dolor y pena en el mundo físico y espiritual, por la vida de Josué. Al verlo en esa condición regresamos al hospital y todo inició nuevamente... Yo oraba con mi corazón de madre, recurría al baño del hospital para arrodillarme y pedir por la vida de mi hijo, porque en la Unidad de Tratamiento Intensivo siempre había enfermeras, y como era un hospital católico no se permitía a los evangélicos orar en público. Josué desfallecía a cada momento, cuarenta y cuatro años después comprendo que la confusión que existía era diabólica, pues el médico no sabía exactamente lo que mi hijo tenía, excepto que había estado «deshidratado».

Había una lucha en el mundo espiritual que ni su padre ni yo siquiera imaginábamos. Debido a tan crítica situación, el médico dio la orden de internarlo con carácter permanente, lo que significaba que tendríamos que dejar a Josué en el hospital, y así fue por dos meses, se quedó solo... Seguía sin aceptar la leche en polvo, le dieron de todas las que había en la ciudad y sólo aumentaron la diarrea y los vómitos. Teníamos una expectativa muy grande y creíamos en un MILAGRO de sanidad, pero las cosas empeoraban cada vez más. El médico lo mantuvo con 50 cc de sangre y suero con nutrientes, pero su salud se deterioraba y nada parecía funcionar. Ante esta situación su padre y yo orábamos y creíamos en la Palabra, especialmente el salmo 37.4: «Deléitate asimismo en Jehová, y él te concederá las peticiones de tu corazón». Sólo un MILAGRO podía salvarlo, pero lo peor estaba por venir. Esta enfermedad comenzó días antes de que recibiéramos la visita del pastor Orvalino Lemos, de las Asambleas de Dios, en nuestra casa de Santa María, estado de Rio Grande do Sul, en Brasil; yo le pregunté: «¿Cómo puede ser, pastor, que un pequeño bebé de solamente algunos días de nacido pueda sufrir tanto? Usted ha visto todo esto desde el principio, si él llora tanto es porque algo le está doliendo». El pastor, con la calma y la sabiduría de siempre nos dijo: «Junto con el nacimiento viene el sufrimiento, porque ya nacimos con el pecado de Adán». Oró por nuestra causa, pero Dios no contestó a nuestro favor y seguimos en la «lucha diaria» contra el extraño padecimiento de Josué. Cada día era peor, pues era muy difícil para las enfermeras encontrar sus pequeñas venas y continuar así con las transfusiones de sangre y poner el suero vital, buscaban en sus manitas, en la cabeza y cuello, que eran las mejores, ni las de los pies podían encontrar para introducir la aguja. Josué había pesado, al nacer 3.2 kilogramos, después de tres meses con esta enfermedad pesaba 2.6 kilogramos. Después de mucho experimentar, el Dr. Federico, intentó alimentarlo con una leche soluble, mas no instantánea, era la última opción que quedaba, se llamaba «Pelargom» venía en una lata color naranja y no había en la ciudad, fue adquirida directamente del representante de la compañía. Se le dio la dosis al bebé e inicialmente no hubo más vómitos ni diarrea, pero los efectos secundarios no se hicieron esperar. El daño fue sorprendente, pues se inflamó su estómago e intestinos; el Dr. Federico suspendió inmediatamente la leche.

Esos días fueron interminables, llenos de dolor, angustia y pena, pero teníamos fe en la Palabra de Dios y en la oración, nuestra congregación entera oraba por nosotros. Nos aferrábamos de las Escrituras que decían en el salmo 145.18, 19: «Cercano está Jehová a todos los que le invocan, a todos que le invocan de veras. Cumplirá el deseo de los que le temen; oirá asimismo el clamor de ellos, y los salvará». Sin alimento, sin poder hacer las transfusiones de sangre y sin suero, el fin de Josué se acercaba.

Una mañana llegamos al hospital y su situación era muy grave; todo el cuerpecito de Josué estaba color morado y de su boca salía una espuma extraña, las monjas enfermeras pinchaban todo su cuello para ver si encontraban alguna vena por dónde poner el suero y hacer la transfusión, pero no consiguieron encontrarla. Josué ya ni lloraba, sabíamos que continuaba vivo porque las enfermeras escuchaban que todavía respiraba, muy despacio, pero respiraba… porque solamente Dios lo sostenía… Fue cuando oímos que el médico nos dijo a las enfermeras a su padre y a mí que si ellas no encontraban una vena, hacían la transfusión de sangre y ponían el suero, él como médico «ya no podía hacer más nada…» Ahora solamente era esperar el fin. Las monjas dijeron: «No conseguimos encontrar la vena, ya no hay más nada que hacer, se fue... ya no se escucha nada...» Eran 12:00 del medio día, hora del almuerzo del personal; su padre salió de inmediato a buscar al pastor Orvalino, era nuestra última esperanza, yo me quedé sola con él (creo que las monjas me dieron un tiempo privado a solas para llorar a Josué antes de que lo lleváramos a la funeraria). Josué había sido dedicado y presentado al Señor, por lo tanto le pertenecía, si vivía era de Él y si moría, también era de Él. Jeremías 1.5 dice: «Antes que te formase en el vientre te conocí, y antes que nacieses te santifiqué, te di por profeta a las naciones». ¡Y así fue, él murió!

No había señal de vida en él. Lloré entre sollozos amargamente acariciando sus manitas y su cuerpecito, ya sin vida. En cuestión de casi una hora su padre llegó al cuarto con el pastor, entraron por una puerta de servicio, pues como comenté antes, en 1963 no era permitido orar en público, solamente los curas podían rezar; gracias a Dios ahora todo esto ha cambiado y ya es permitido. Llegaron pues a escondidas, a la hora del almuerzo de las monjas, y el pastor Orvalino Lemos dobló sus rodillas al lado de la cama, puso sus manos sobre el cuerpo sin vida de Josué y dijo las Palabras de 1 Corintios 15.55 con una voz de autoridad y poder: «¿Dónde está, oh muerte, tu aguijón? ¿Dónde, oh sepulcro, tu victoria? Yo te reprendo, oh muerte en el nombre de Jesucristo el Señor que venció la muerte, sal de él ahora mismo, ¡Amén!» Y el pastor se fue tan rápido como entró para que nadie lo viera, acompañado por el papá de Josué. Yo me quedé sola de nuevo y creí con mucha fe en el poder de la oración, sólo repetía en mi mente, sin parar, oraba poniendo mis manos sobre él y decía: «Él volvió a vivir... él está vivo... creo en la Palabra de Dios...» A las dos de la tarde las monjas regresaron, yo rápidamente le pedí a una que me hiciera el favor de escuchar el corazoncito de Josué, pues yo había notado gran diferencia en la fisonomía de su rostro. La enfermera hizo una cara fea, como quien dice: «Esta mujer no entiende, si ya le dijimos que no tenía solución...» Pero para no decirme directamente que no, tomó el estetoscopio, cruzó el cuarto, escuchó su corazón, y vio el MILAGRO DE DIOS, alabado sea su nombre, con los ojos bien abiertos y una cara con expresión de asombro me dijo: «Señora, ¡el niño vive!, no es que está mejor...vive...» ¡Aleluya! dije yo con toda mi alma. Entonces la enfermera me dijo: «¿Ve a esa señorita sentada afuera del cuarto?» «¡Sí!», le contesté; me dijo: «Ella solamente estaba esperando que usted terminara de llorar por el fallecimiento de su niño pues ya sabía lo que debía hacer con el cuerpecito de su hijo, le íbamos a dar una cobija y enrollarlo para que usted se lo llevara a casa y después lo enterraran en el cementerio». Pero alabado sea Dios que tenía otros planes para Josué. Cuando el Pastor Orvalino oró con poder, yo sabía que Dios obraría un MILAGRO. Jesús dijo en Juan 6.63b: «Las palabras que yo os he hablado son espíritu y VIDA». En la oración penetró la VIDA de Cristo en Josué y lo levantó de la muerte, aunque estuvo muerto menos de dos horas. Después de que la enfermera confirmó que él vivía, llamó a otras y todas se maravillaban de lo acontecido en menos de dos horas, pues cuando se fueron a almorzar no tenía señales de vida y ahora su rostro era diferente, así como el color de su piel y vivía... Entonces inició la verdadera batalla espiritual, porque era urgentísimo que encontraran la tan necesaria vena. Dios me fortaleció y me quedé junto a Josué y las enfermeras al lado de la cama, porque el MILAGRO ya estaba hecho después de la oración de FE del pastor Orvalino. Hechos 19.11 dice que: «Y hacía Dios MILAGROS EXTRAORDINARIOS POR MANO DE PABLO» (mayúsculas agregadas). Y Dios volvió a cumplir su Palabra y se realizó otro MILAGRO, esta vez por la mano del pastor Orvalino, porque Dios no cambia, Él es el mismo. Fijé mis ojos en las venas del cuello de Josué y oré para que Dios tomara las manos de las enfermeras y en el nombre de Jesús ellas encontrarían la vena, por fin lo hicieron... por el poder de Cristo... ¡Alabado sea Dios! Cuando ellas encontraron las venas y empezaron la transfusión de sangre, yo pensaba que aquella sangre que entraba al cuerpo de Josué no era sangre humana, sino la propia sangre de Cristo, era la misma VIDA DE CRISTO, no era otra simple transfusión de sangre, era la VIDA DE JESÚS que estaba siendo transmitida a mi hijo. Llamaron el médico de inmediato y le contaron el sucedido, él no podía creer lo que veía; la transfusión estaba hecha, Josué vivía. Pusieron el suero con los nutrientes y empezó un nuevo tratamiento. En cuanto a la alimentación, ahora el médico había descubierto lo que ocasionaba el problema y gracias a Dios acertó, tenía que ser solamente la leche materna la que ingiriera, el problema era que yo no tenía, así que fue necesario usar la Radio Imembuy para solicitar a la ciudadanía, específicamente a las mujeres que tuviesen y quisieran donar su leche, la llevaran al Hospital «de Caridade» (hasta hoy conserva su nombre). Esta era nuestra única esperanza para que Josué mejorara de una vez por todas y saliera del hospital, el locutor hacía énfasis de que era un caso de vida o muerte para un recién nacido. En ese tiempo la ciudad era muy pequeña y casi todos los habitantes se enteraron de lo sucedido, llamaron muchas madres bondadosas, de gran corazón; el papá de Josué tuvo que ir de casa en casa a recoger la leche de las madres, cada día con un aparato del hospital; las monjas conservaban la leche materna, había un procedimiento qué seguir: desmenuzar el polvo en una vasija de loza y pasarla por un colador, para después calentarla a baño María, en fin, las monjas me capacitaron.

Estoy muy agradecida por todo el esfuerzo que las monjas hicieron por Josué durante todo el tiempo que estuvo en el hospital. Reconozco que Josué dio mucho, pero mucho trabajo, tanto a nosotros como padres, como a ellas, al médico y a la congregación que oraba por él constantemente. Todo dio resultado y cuando Josué mejoró nos fuimos del hospital a casa dando gloria a Dios, al otro día su papá fue al trabajo y me quedé sola con él, cuando llegó la hora del biberón, la mamadera, la mamila, lo hice exactamente como las enfermeras me habían enseñado y cuando Josué la bebió, en cuestión de minutos vomitó todo otra vez, como al inicio de la enfermedad; sinceramente me quedé en choque y mucho más quedaría su padre cuando llegara del trabajo por la tarde. Inmediatamente hice un té con hierbas para su estómago y se lo di, vomitó todo de vuelta, puse el agua para que hirviera en el fogón y le di para que tomara nuevamente y vomitó todo... Me senté y empecé a llorar, me humillé delante de Dios y entonces pensé, *¿Cómo puede pasar esto?* Porque todo el proceso era igual al del hospital y allá Josué estuvo bien y mejoró, sólo al venir a casa volvió a vomitar. Entonces el Espíritu de Dios me hizo entender que estaba haciendo lo mismo que en el hospital, sólo que en realidad no era igual, los ingredientes no eran los mismos. Escuché a Dios hablar por su Espíritu y me quedé sorprendida... empecé a contar con los dedos lo que no era igual al tratamiento del hospital y para mi espanto me di cuenta, por revelación divina, que todo era igual, excepto una cosa: ¡EL AGUA!, yo quería gritar a todo el mundo que Dios es tremendo... Sólo Dios sabía lo que era diferente, Él tuvo misericordia de mí y de Josué, me dijo lo que era diferente en el tratamiento: ¡EL AGUA! Y era verdad, pues en el hospital se usaba el agua tratada de la ciudad, pero nosotros teníamos un pozo y nuestra agua no era tratada, por lo que el estómago de Josué no la aceptaba, por eso vomitaba sólo en casa y no en el hospital. Ahí se había escondido el espíritu maligno del enemigo de nuestras almas para hacer daño a Josué, en el agua del pozo. Si Dios no me hubiera hablado no sabría decir lo que hubiera pasado. Una vez más el Señor se glorificó y yo puedo testificar lo que dice Isaías 66.2: «Mi mano hizo todas estas cosas, y así todas estas cosas fueron, dice Jehová; pero miraré a aquel (a mí) que es pobre y humilde de espíritu, y que tiembla a mi palabra» (interpretación agregada). Me humillé delante de Él en oración y fue Él quien me reveló dónde estaba el problema. Entonces mi hermano menor, Roberto Minussi (él lo llama «tío Nico») buscaba todos los días baldes de agua tratada de la compañía de la ciudad hasta que Josué mejoró de una vez por todas. ¡Cómo dio trabajo este niño, Dios mío! Pero valió la pena, el Señor hizo de él un ministro del evangelio y un hombre de Dios que ha predicado a millones de personas ya en todos los continentes del mundo, en más de 70 países hasta ahora, y ha testificado lo que Jesucristo ha hecho por él y por nuestra familia. Gloria y honra sean dadas al Dios Todopoderoso para siempre. Después de muchos meses regresamos con el médico para que examinara a Josué y el Dr. Federico me preguntó: «¿Cómo resolvieron el problema del vómito del niño en la casa?» Y le dije: «Usted no tiene la menor idea, doctor, el problema estaba en al agua». El doctor exclamó: «¿En el agua, y como fue esto?» Le explique y se quedó pasmado con la respuesta, porque él nunca sospechó la causa, pero Dios sí la sabía; era algo tan sencillo, pero que él nunca descubrió. Después, al pasar los años, a medida que Josué crecía en la congregación, en los bancos de la Escuela Dominical y en los cultos, en muchas ocasiones el mismo pastor Orvalino, que hoy está en la Gloria, en los cielos, se refería a Josué desde el púlpito y lo llamaba «el resucitado» y lo ponía como un ejemplo vivo del poder de Cristo. Decía, mientras predicaba, apuntando el dedo hacía Josué: «Ese muchacho que usted está viendo allí, fue resucitado en el Hospital de Caridade porque Dios es real y Su poder es el mismo hoy». Así que hasta hoy en nuestra congregación de las Asambleas de Dios en la ciudad de Santa María, los hermanos más ancianos que aún viven de aquella época conocen a Josué como «el resucitado», incluyendo el pastor Eliseo Dornelles Alves que aún vive y aún pastorea.

Yo, después de cuarenta y cuatro años, ahora en el 2007, testifico la verdad de este acontecimiento junto a otros muchos hermanos que todavía viven y conocen del MILAGRO que Dios hizo para su gloria en la vida de mi hijo, pues Hebreos 2.4 dice: «Testificando Dios juntamente con ellos, con señales y prodigios y diversos milagros y repartimientos del Espíritu Santo según su voluntad». La voluntad de Dios fue que Josué viviera y él fue escogido para que las naciones conozcan que ÉL es real y que su poder es el mismo hoy que ayer. Y termino mi testimonio con las palabras de Juan 6.2 que habla de Cristo: «Y le seguía gran multitud, porque veían las señales que hacía en los enfermos». Jesucristo hizo este gran MILAGRO Y SEÑAL en la vida de Josué sanándole de la enfermedad y levantándolo de la muerte, así como también lo hizo en la vida de mi otro hijo, Tayrone, hermano de Josué, que de la misma manera Dios lo levantó de los muertos después de un accidente automovilístico. Puedo decir que soy una madre dichosa que tuvo la experiencia de tener dos de sus hijos resucitados por el poder de Dios y puedo decir como el salmista: «Me acordaré de las OBRAS de JAH (Jehová); sí, haré yo memoria de tus MARAVILLAS antiguas. Meditaré en TODAS tus obras, y hablaré de tus hechos (los milagros de Josué y Tayrone). Oh Dios, santo es tu camino; ¿Qué dios es grande como NUESTRO DIOS? Tú eres el DIOS QUE HACE MARAVILLAS; hiciste notorio en los pueblos TU PODER» (Salmo 77.11-14, mayúsculas e interpretación agregadas por el autor). ¡Que Dios les bendiga!».

Hermana María Ione Minussi,

la madre de los «dos resucitados» por el poder de Dios, Josué y Tayrone.

La fe que mueve la mano de Dios para el milagro

Hechos 4.30 relata la manera en que la iglesia primitiva oraba: «Mientras extiendas *tu mano* para que se hagan sanidades y señales y prodigios mediante el nombre de tu santo Hijo Jesús» (énfasis añadido). Es por la FE y mediante el nombre de Jesús que podremos obtener el MILAGRO que esperamos; es por la FE y por Él que las circunstancias serán cambiadas y traerá el MILAGRO; es por la FE y en Él que las montañas serán removidas y vendrá el MILAGRO, y fue por la FE que por Él, Jesús de Nazaret, yo recibí la sanidad recién nacido, cuando Él obró el MILAGRO levantándome de la muerte para servirle.

Jesús de Nazaret, sin dinero y sin armas ha conquistado millones de millones de personas, mucho más que Alejandro el Grande, los César, Mahoma, Napoleón y muchos otros. Sin ninguna ciencia o estudios universitarios Él trajo más luz y sabiduría sobre las cosas humanas y divinas, mucho más que todos los filósofos, todas las escuelas y universidades de todo el mundo. Sin ningún curso de elocuencia u oratoria Él proclamó las palabras de vida como nadie las había dicho, ni antes ni después, y produjo los efectos que ningún orador o poeta jamás ha conseguido alcanzar. Sin nunca haber escrito una sola línea ha inspirado a miles de autores y hecho que más bolígrafos escribieran toda clase de libros, sermones, oraciones, poesías, canciones, debates y obras de arte que jamás alguien ha hecho. Sin ser el general de un gran ejército, ni haber promovido una revolución cultural o política, Él es hoy el Señor y Comandante de millones de personas; actualmente, más de tres billones de personas han oído su nombre de una u otra manera, billones lo hicieron en el pasado. Nació milagrosamente de una mujer virgen en una familia pobre, en un pesebre, y llevó una vida de santidad como ningún otro hombre vivió. Fue crucificado entre dos ladrones y al tercer día resucitó con poder y está sentado a la diestra de Dios Todopoderoso. Hoy Él es el Maestro y Líder espiritual de más de la tercera parte de todos los habitantes de la tierra. Jamás existió ni existirá alguien tan humilde en su manera de ser, que produjera los efectos más extraordinarios en las personas de todas las edades, desde niños hasta ancianos, en todas las naciones y clases sociales de la tierra. Los líderes mundiales que vinieron antes o después de Él murieron y fueron sepultados, hay vivos muchos otros, sin embargo también morirán. Muchos de estos hombres quisieron ser «dios», pero sólo un Dios se volvió hombre: JESUCRISTO, Él venció la muerte, el diablo y todas las huestes malignas. Él está vivo hoy y siempre reinará por los siglos de los siglos de los siglos. ¡Amén! ¡Aleluya!

Hechos 15.12 dice: «Entonces toda multitud calló, y oyeron a Bernabé y a Pablo, que contaban cuan grandes señales y *maravillas* había hecho Dios por medio de ellos entre los gentiles» (énfasis añadido por el autor). *Maravillas* en griego es *teras* comparable con la palabra «teratología», la ciencia que trata de los fenómenos naturales explicables. *Teras* denota ocurrencias extraordinarias, PRODIGIOS sobrenaturales, presagios, portentos, manifestaciones no usuales, incidentes MILAGROSOS que presagian el futuro más que el pasado y actos tan raros que hacen que el observador se MARAVILLE y hasta se sorprenda. *Teras* aparece siempre en plural, y se le asocia con la palabra griega *semeion* que es «señales». SEÑALES Y MARAVILLAS constituyen un balance perfecto al tocar intelecto, emociones y la voluntad del ser humano. Así como fue en el pasado es hoy, Dios continúa haciendo grandes prodigios y MILAGROS en todos los continentes donde es predicada su Palabra. Así como Él usó a sus siervos desde el principio de la iglesia primitiva, lo mismo sucede hoy, Dios sigue usando a sus siervos por doquier. La historia de la Iglesia está llena de testimonios de poderosos y asombrosos MILAGROS que produjeron grandes avivamientos y multitudes fueron salvas. ¡ÉL no cambia!, hoy Él puede traerle el MILAGRO que usted necesita, su Palabra dice que «Jesucristo es el mismo ayer, y hoy, y por los siglos» (Hebreos 13.8), todo lo que tiene que hacer es creer que Él puede realizar lo imposible en su vida. Reciba hoy por FE el milagro de la SALVACIÓN divina en su vida; la LIBERACIÓN divina; la SANIDAD divina; la PROSPERIDAD divina; reciba hoy por FE el milagro de la GUÍA divina; la FORTALEZA divina; la PAZ divina; la RESPUESTA divina; la VICTORIA divina; reciba hoy por FE el MILAGRO divino en todas las áreas que usted necesita. ¡Aleluya!

El señor Antonio era dueño de una farmacia de éxito en una ciudad del interior de Brasil; era un hombre muy inteligente, pero no creía en la existencia de Dios o de cualquier cosa sobrenatural ni milagro o cosa alguna que fuera más allá del mundo físico. Cierto día estaba cerrando su farmacia cuando llegó un muchacho llorando y diciendo que su madre estaba muy mal y que si ella no tomaba la medicina moriría, el chico tenía anotado en un pedacito de papel el nombre del remedio; el farmacéutico, muy nervioso y ante la insistencia del niño, abrió la farmacia pero no quiso saber qué medicina necesitaba su madre, su insensibilidad en aquel momento era tal que agarró el primer pomo de medicina que encontró en la oscuridad y se lo dio al muchacho, quien agradeciéndole salió corriendo lo más que pudo para llevárselo a su mamá. Minutos después, Don Antonio se dio cuenta de lo que hizo y sintió culpa, también se dio cuenta de que había entregado un remedio mortal. Desesperado, el farmacéutico intentó correr y alcanzar al chico, pero no pudo hacerlo, gritó y corrió tras el muchacho pero fue en vano. Sin saber qué hacer y con su conciencia remordiéndolo, se arrodilló en medio de la calle, empezó a llorar y a decir que si realmente Dios existía, que hiciera un MILAGRO y que no permitiera que la señora tomara la medicina porque él sería acusado de negligencia y asesinato. Mientras estuvo de rodillas solamente pensaba en la pobre mujer que tal vez ya estaba muerta por su culpa, ciertamente él pagaría por su falta de atención. Tuvo tiempo de reflexionar sobre su carácter insensato, su mal humor con su clientela y de cómo había tratado tan rudamente al desesperado niño, pero principalmente se dio cuenta de cómo había negado la existencia de Dios durante todos estos años y que ahora su vida realmente «estaba en las manos de Dios». Estaba en medio de esta reflexión, cuando sintió que una mano que le tocó el hombro izquierdo y al voltear miró al pequeño niño bañado en lágrimas, quedó horrorizado y pensó que la señora había muerto y que realmente «Dios no existía» porque no le había oído, de lo contrario, el niño no estaría tan desesperado y llorando. El rostro triste del niño le atravesó el alma y él mismo entre sollozo le preguntó qué había sucedido, entonces el muchachito empezó a decirle: «Don Antonio, por favor…no se enoje conmigo… por favor… no vaya a pelear conmigo… es que de tanto correr y darme prisa para llevar lo que me dio para mi madre… me caí… y quebré el pomo del remedio… ¿podría darme otro? se lo ruego, por favor…» ¡El MILAGRO ESTABA HECHO! ¡Sí, Dios existe, mi amado lector! Él es fiel y escucha los ruegos de los impíos y de aquellos que como el señor Antonio lo han negado, pero que en algún momento de sus vidas lo han necesitado. ¡Él es real! Para nosotros que creemos en Él y en sus MILAGROS las cosas son diferentes. ¡Aleluya! Las Escrituras nos dan suficientes evidencias de esto, a nosotros los creyentes en Cristo:

Primera de Juan 5.4, 5 describe: «Porque todo (usted y yo) lo que es nacido de Dios (hemos nacido espiritualmente) vence el mundo; y esta es la victoria que ha vencido el mundo, nuestra FE. ¿Quién es (usted y yo) el que vence al mundo, sino el que cree que Jesús es el Hijo de Dios?» (mayúsculas e interpretación agregadas por el autor). Es por la FE en Cristo que hemos vencido al mundo, la carne y el pecado; pues 1 Juan 3.22 afirma: «Y cualquiera cosa que pidiéramos la recibiremos de ÉL, porque guardamos sus mandamientos, y hacemos las cosas que son agradables delante de ÉL». Tema al Señor y agrádele en todas las áreas y verá el MILAGRO que acontecerá en su vida, ponga su fe en Él, de todo corazón, y la mano de Dios se volverá a su favor trayéndole el MILAGRO que desea, pues Esdras 8.22 relata: «La mano de nuestro Dios es para bien sobre todos los que le buscan». Crea absolutamente que Él hará un camino y abrirá el mar para usted. Búsquele en oración, ruego, ayuno y humildad, y verá que SU mano no le abandonará, Eclesiastés 9.1 confirma: «Ciertamente he dado mi corazón a todas estas cosas, para declarar todo esto; que los justos y los sabios, y sus obras, están en la MANO DE DIOS» (mayúsculas agregadas). Su vida y la mía están en las manos de Dios, al igual que la de todos los humanos; el universo, los planetas, el sol, la luna y las estrellas; los animales terrestres y marinos también lo están. Job 12.9, 10 lo confirma: «¿Qué cosa de todas estas no entiende que la MANO DE JEHOVÁ la hizo? En SU MANO está el alma de todo viviente, y el hálito de todo el género humano» (mayúsculas añadidas). Por lo tanto es por la fe que la MANO DE DIOS se moverá a su favor y le concederá el MILAGRO que usted espera, porque si todo está en sus manos, entonces su MILAGRO también lo está. ¡Solamente crea! El salmo 119.73 nos asegura: «Tus MANOS me hicieron y me formaron» (mayúsculas agregadas). ¡Sí! ¡Él lo creó! y conoce cada detalle de su vida, así como el MILAGRO que necesita. Si Él permitió que naciera, ¿qué no hará por usted? Él es su creador, su Dios. Isaías 64.8 aclara: «Ahora pues, Jehová, tú eres nuestro padre; nosotros barro, y tú el que nos formaste; así que obra de tus MANOS somos todos nosotros» (mayúsculas agregadas). Dios nos formó, nos creó y nos estableció para servirle, siendo así, somos de Él y le pertenecemos, los MILAGROS están disponibles para nosotros porque forman parte de su plan divino para llevar a cabo su propósito en la tierra y la expansión del evangelio para su honra y gloria. Damos gracias a Dios por todos los MILAGROS que hemos presenciado, pero cuando terminemos nuestra carrera, ministerio y nuestra vida de MILAGROS aquí en la tierra, Él nos dará el MILAGRO más grande de todos, el MILAGRO de la vida eterna junto a Él, en Juan 10.28 Cristo promete: «Y yo les doy vida eterna; y no perecerán jamás, ni nadie las arrebatará de MI MANO» (mayúsculas añadidas).

¡Esta es su promesa! es el MILAGRO más grande para el ser humano: la salvación eterna.

Cuando la Reina Victoria fue coronada en el trono de Inglaterra, la celebración fue tal como lo marca la costumbre real, se cantaría el himno «El Mesías» con solemnidad, el protocolo indicaba que ella debía permanecer sentada, mientras el coro cantaba y así lo hizo, pero con gran dificultad, pues realmente deseaba levantarse cuando los cantantes llegaron a la parte que dice: «Aleluya, pues el Señor Omnipotente Reina», cuando con gran entusiasmo el coro llegó a la estrofa: «Rey de reyes, Señor de señores, pues Él reinará para siempre, aleluya, aleluya… el Dios Todopoderoso reina», ella no se contuvo más y se puso de pie, levantó sus MANOS en adoración, y mantuvo su cabeza inclinada, en señal de humildad y reverencia, como si la reina tomara su propia corona y la depositara a los pies del Señor Jesucristo. ¡Alabado sea su nombre para siempre! Lo mismo debemos hacer nosotros diariamente, en agradecimiento por todos los MILAGROS que Él ha hecho en nuestras vidas, levantemos nuestras manos en alabanza y depositemos a sus pies nuestra voluntad y corazón en completa rendición. Gracias, oh Dios, por tan grandes prodigios, señales, maravillas y MILAGROS que has hecho en nosotros, y sobre todo, gracias por la salvación. Espero que usted, al terminar este libro, pueda cantarle: «Aleluya, Aleluya, el Dios Todopoderoso y Omnipotente reina, Rey de reyes y Señor de Señores, y ÉL reinará para siempre, Aleluya, Aleluya…» ¡Que Dios les bendiga grandemente!

ACERCA DEL AUTOR

El Rdo. Josué Yrion es un evangelista internacional que a su edad ha logrado un reconocimiento destacable. Ha predicado a millones de personas en 71 países en todos los continentes del mundo en la unción del Espíritu Santo. Esto ha resultado en la salvación de multitudes para Cristo. En 1985 estuvo en la Unión Soviética y regresó a predicar a Rusia en 1993 en una base militar soviética en Moscú, adonde su ministerio llevó dieciséis mil Biblias. Ha recibido muchos honores incluyendo la medalla del Congreso chileno y una placa del gobierno de Chile como Hijo y Visita Ilustre de Viña del Mar. Fue el primer ministro latinoamericano en predicar en una cruzada en Madras (Chennai), India, donde setenta mil personas fueron testigos del poder de Dios a través de milagros y prodigios. Es maestro activo y acreditado de misiología del curso "Perspectivas", de la División Latinoamericana de la Universidad William Carey y del Centro Mundial de Misiones en California. Es presidente del Instituto Teológico Josué Yrion en Manipur, India, donde muchos están siendo entrenados para alcanzar los países aun no evangelizados del Asia. Al momento su ministerio sostiene financieramente a 27 misioneros alrededor del mundo y su organización cuenta con una oficina en cada continente. Su ministerio se encuentra entre las 825 organizaciones misioneras reconocidas por el Libro de Consulta de Misiones (Mission Handbook) del Centro Billy Graham, EMIS (Servicio de Información de Evangelismo y Misiones) editado por Wheaton College. Es autor de los libros: *El poder de la Palabra de Dios; Heme aquí, Señor, envíame a mí; La crisis en la familia de hoy; La fe que mueve la mano de Dios; El secreto de la oración eficaz* y *La vida espiritual victoriosa*. Es ministro ordenado del Concilio General de las Asambleas de Dios en Estados Unidos y fundador y presidente de Josué Yrion Evangelismo y Misiones Mundiales, Inc. Reside con su esposa Damaris y sus hijos Kathryn y Joshua Yrion en Los Ángeles, California, EE.UU.

Si desea recibir un catálogo con los títulos de nuestros libros, DVDs, Videos y CDs disponibles en inglés, español y portugués, u otra información de nuestras cruzadas evangelísticas alrededor del mundo, búsquenos en nuestra página en la Internet: www.josueyrion.org o escriba a la siguiente dirección:

JOSUÉ YRION EVANGELISMO Y MISIONES MUNDIALES, INC.
P. O. Box 768
La Mirada, CA. 90637-0768, EE.UU.
Teléfono (562) 928-8892 Fax (562) 947-2268
www.josueyrion.org
josueyrion@josueyrion.org
josueyrion@msn.com

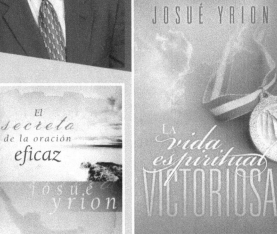

Printed in the USA
CPSIA information can be obtained
at www.ICGtesting.com
JSHW030737130124
55136JS00005B/15

9 781602 550513